THE KIDS' BOOK OF WORDSEARCHES 1

Dr Gareth Moore is an Ace Puzzler, and author of lots of puzzle books. He created an online brain-training site called BrainedUp.com, and runs an online puzzle site called PuzzleMix.com. Gareth has a PhD from the University of Cambridge, where he taught machines to understand spoken English.

Buster Books

Revised paperback edition first published in 2017

First published in Great Britain in 2011 by Buster Books,
an imprint of Michael O'Mara Books Limited,
9 Lion Yard, Tremadoc Road, London SW4 7NQ

 www.mombooks.com/buster   Buster Books   @BusterBooks

A CIP catalogue record for this book is available from the British Library.

ISBN: 978-1-78055-440-2

7 9 10 8 6

Papers used by Buster Books are natural, recyclable products
made from wood grown in sustainable forests. The manufacturing processes
conform to the environmental regulations of the country of origin.

Puzzles designed and typeset by Gareth Moore
www.drgarethmoore.com

Layout designed by Barbara Ward

Printed and bound in March 2019 by CPI Group (UK) Ltd,
108 Beddington Lane, Croydon, CRO 4YY, United Kingdom

MIX
Paper from
responsible sources
FSC® C020471
www.fsc.org

Contents

Searching For Words!

Wordsearches are puzzles that absolutely anyone can solve. You don't even need to know the words or speak the language they're written in to solve them.

Words And Grids

Beneath each puzzle in this book is a list of words that you must find in the grid above it. You'll find the words running in a straight line in any direction, including diagonally, and either forwards or backwards.

Occasionally, some of the puzzles contain a phrase or word written with punctuation beneath the grid – in these cases just ignore the spaces or punctuation marks when looking in the grids.

When you find a word, mark it in the grid and cross it off in the list below it – a highlighter pen works well for this, but a pen or pencil are fine, too.

Are You A Beginner Or The Best?

The puzzles in this book start off easy and then get tougher as the book progresses. There are four separate difficulty levels, which are shown at the top of each page. There's also a 'Time' line where you can fill in exactly how long it has taken you to solve each puzzle.

Some of the puzzles have interesting shapes with lines drawn between the letters in the grid – ignore these when solving the puzzles, since the words can still run across these lines.

Some of the words in each puzzle will overlap one another – using the same letters in the grid.

If you get stuck and simply can't find a word and fear you will go crazy, don't despair, all the answers are in the back.

Good luck, and have fun!

Level One:
Beginners

Puzzle 1: Bird Brain

T	L	O	G	P	N
E	O	U	W	O	I
K	L	R	E	L	F
L	C	G	R	M	F
O	I	U	A	A	U
P	K	N	D	E	P

DUCK   OWL
EAGLE   PARROT
EMU   PIGEON
GULL   PUFFIN

Puzzle 2: Animal Crackers

```
H A M S T E R A
E A M I T A A N
L P G A U L E T
T E C G L W A E
R T A I T L S A
U J R A B B I T
T O R T O I S E
G I R A F F E R
```

ANTEATER	LLAMA
APE	NEWT
CAT	RABBIT
GIRAFFE	RAT
GORILLA	TIGER
HAMSTER	TORTOISE
JAGUAR	TURTLE

Puzzle 3: Airport Antics

ARRIVALS
CUSTOMS
FOOD
PASSPORT
SECURITY
TAXIS
TICKET
X-RAY

Puzzle 4: Boys' Names

Y	L	E	I	N	A	D	A
W	E	H	T	T	A	M	N
G	A	R	A	A	A	E	R
R	H	Y	H	D	H	O	S
A	C	A	A	P	B	E	H
H	I	N	E	E	M	X	U
A	M	T	R	A	A	U	G
M	S	T	J	M	S	H	H

ADAM	MAX
DANIEL	MICHAEL
GRAHAM	ROBERT
HUGH	RYAN
HUMPHREY	SAM
JAMES	SEAN
MATTHEW	STEPHEN

Puzzle 5: Garden Pond

D	H	M	P	G	U	T	N
N	S	R	O	W	A	I	E
G	I	R	E	D	A	L	W
I	F	E	P	T	I	D	T
H	D	O	N	N	A	A	E
O	L	U	I	O	O	W	N
E	O	N	T	P	U	M	P
F	G	L	I	L	Y	L	T

FOUNTAIN
FROG
GOLDFISH
LILY
LINING
NET

NEWT
PUMP
TADPOLE
TOAD
WATER
WEED

Puzzle 6: Crash, Bang, Wallop!

A	N	K	N	U	W	H	T
P	A	W	O	H	C	A	K
M	A	O	I	N	L	Z	Z
O	F	Z	U	P	O	H	W
O	Z	R	S	W	H	A	M
B	C	R	I	L	P	Z	A
A	E	E	W	O	Y	O	L
K	C	A	W	H	T	A	B

BLAM	THWACK
BOP	THWUNK
CRUNCH	WHAM
KABOOM	WHIZZ
KACHOW	WHOP
KERSPLAT	YOWEE
OOF	ZAP
POW	ZOWIE

Puzzle 7: At The Ready

```
B J Y A W L E Y
Y W U D N A G G
L Y A M A E R A
B D L I P E E M
B G Y E T I R K
U Y M I V I N E
B O U N C I N G
B A G B J B L G
```

BOUNCING   LIVELY
BUBBLY   READY
JUMPING   WAITING
KEEN   WARM

Puzzle 8: It's All Furniture

E	I	D	L	P	M	R	G
T	B	N	N	I	M	N	D
M	E	O	R	I	I	A	E
F	D	R	R	T	L	E	L
I	O	D	N	D	T	B	G
R	N	I	A	T	R	U	C
E	A	T	E	P	R	A	C
P	G	S	A	F	O	S	W

BED
BLIND
CARPET
CURTAIN
FIRE
LAMP
MIRROR
PAINTING
RUG
SETTEE
SOFA
WARDROBE

Puzzle 9: Jewellery Jumble

```
E L G N A B A E
T C H R W M H A
N T A G U H E B
O I N L C L W E
T I E O K A L K
R T O A T C I T
B R A C E L E T
B I H C O O A N
```

AMULET   NECKLACE
BANGLE   RING
BRACELET   TIARA
BROOCH   WATCH

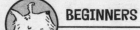
Puzzle 10: Metal Mega-Mix

N	L	R	N	N	R	Y	N
C	O	P	P	E	R	E	Z
N	E	O	V	U	T	I	L
U	O	L	C	S	N	E	Z
R	I	R	G	C	K	E	L
S	E	N	I	C	D	E	P
M	U	N	I	T	A	L	P
T	K	N	R	D	L	O	G

COPPER
GOLD
IRON
LEAD
MERCURY
NICKEL
PLATINUM
SILVER
TUNGSTEN
ZINC

Puzzle 11: Using The Internet

```
R B E T E S S S
O E A N E S S E
L H S A I E L N
C I R W R L B I
O C A D O E N G
H S D M W R O O
C A E B E I B L
D A O L N W O D
```

ADDRESS   LOGIN
BROWSER   ONLINE
CHAT   SEARCH
DOWNLOAD   WEB
EMAIL   WIRELESS

Puzzle 12: Parts Of A Mansion

```
S  H  G  A  M  E  S  M
I  M  A  N  U  I  T  O
T  F  O  L  I  B  U  O
M  P  O  O  L  V  D  R
O  Y  R  A  R  B  I  L
G  N  I  N  I  D  O  L
O  P  O  R  C  H  E  A
K  I  T  C  H  E  N  B
```

BALLROOM	LIBRARY
BEDROOM	LIVING
DINING	LOFT
GAMES	POOL
HALL	PORCH
KITCHEN	STUDIO

Puzzle 13: Weather Words

```
C  O  I  I  D  N  I  W
C  L  D  I  C  T  O  O
Y  N  O  A  A  B  T  N
C  N  L  U  N  H  M  S
L  M  N  I  D  R  A  W
O  L  A  U  O  S  O  C
N  R  E  T  S  I  W  T
E  C  S  L  E  E  T  T
```

CALM

CLOUDS

CYCLONE

HAIL

RAINBOW

SLEET

SNOW

STORM

SUNNY

TORNADO

TWISTER

WIND

Puzzle 14: Animal Chatter

M	Y	S	H	G	A	A	B
M	E	N	R	G	C	Q	A
C	K	O	N	A	I	K	R
G	A	R	W	I	C	E	K
R	E	T	T	A	H	C	N
O	U	N	U	H	U	W	I
W	Q	Q	I	L	M	O	O
L	S	R	C	R	R	U	P

BAA
BARK
CAW
CHATTER
CLUCK
GROWL
MEOW
MOO

NEIGH
OINK
PURR
QUACK
ROAR
SNORT
SQUEAK
WHINNY

Puzzle 15: Keep The Noise Down!

S	S	C	R	E	E	C	H
I	I	K	T	D	R	W	T
R	E	D	N	U	H	T	E
E	T	U	M	I	E	L	K
N	O	B	S	R	L	L	C
S	L	T	O	E	A	C	A
E	L	N	B	S	S	L	R
E	S	U	A	L	P	P	A

ALARM
APPLAUSE
BELL
CLINK
RACKET   SNORE
RUMBLE   SOUND
SCREECH   THUNDER
SIREN   WHISTLE

Puzzle 16: Things You Might Do Today

```
L  E  E  K  G  L  U  K
S  I  M  O  L  E  L  E
P  N  O  L  I  A  M  E
S  U  H  P  W  S  T  Z
T  R  E  C  E  I  V  E
A  M  M  K  S  E  V  E
N  G  O  J  A  I  L  N
D  H  C  D  G  W  A  S
```

COME HOME	SIT
EMAIL	SLEEP
GIVE	SNEEZE
GO OUT	STAND
JOG	TALK
RECEIVE	WAKE UP
RUN	WALK

Puzzle 17: Funky Fractions

D	H	E	V	Q	F	N	R
S	R	S	H	F	H	E	T
I	X	I	I	T	T	E	H
X	R	F	H	R	N	V	D
T	T	G	A	T	E	I	U
H	I	U	H	F	V	T	N
E	Q	H	R	G	E	T	E
I	N	T	H	T	S	H	E

EIGHTH
FIFTH
NINTH
QUARTER
SEVENTH
SIXTH
TENTH
THIRD

Puzzle 18: Tidying Up

P	O	P	U	T	S	U	D
L	N	A	E	L	C	P	U
V	E	O	S	S	E	O	N
E	A	S	E	E	N	L	B
H	T	C	W	N	T	I	U
S	E	S	U	I	I	S	R
A	N	D	D	U	P	H	C
W	N	Y	T	P	M	E	S

CLEAN   SHINE
DUST   SOAP
EMPTY   SWEEP
NEATEN   TIDY
POLISH   VACUUM
RINSE   WASH
SCRUB   WIPE

Puzzle 19: What To Do With An Egg

```
B C P S P C M K
S P C C B I W K
I A O R T O H P
A O A A A B I W
K P E M C C S L
W B A B K H K S
O K A L L O P S
A A E E K A B O
```

BAKE	PICKLE
BOIL	POACH
COOK	SCRAMBLE
CRACK	WHIP
EAT	WHISK

Puzzle 20: Time For Bed

T	D	O	O	P	S	T	Y
I	R	O	I	I	U	S	D
R	I	K	E	O	W	R	P
E	F	S	N	O	O	Z	E
D	T	R	R	P	D	Z	E
A	O	D	O	Z	O	W	L
W	F	F	O	D	O	N	S
W	F	M	A	E	R	D	D

DOZE	NOD OFF
DREAM	SIESTA
DRIFT OFF	SLEEP
DROP OFF	SNOOZE
DROWSY	TIRED
KIP	WORN OUT

Puzzle 21: Hairy Puzzle

O	H	G	P	R	I	A	P
P	I	G	T	A	I	L	S
P	A	E	G	T	A	A	E
N	K	R	D	I	G	G	H
U	W	C	T	N	N	N	C
F	P	O	A	I	O	E	N
N	C	U	R	L	N	L	U
G	G	F	A	B	B	G	B

BLACK
BLONDE
BROWN
BUNCHES
CURL
FRINGE
HAIR
PARTING
PIGTAILS
PLAIT

Puzzle 22: Colour Collection

T	S	E	P	I	A	N	M
R	E	D	N	E	V	A	L
E	T	L	N	E	G	E	O
V	I	K	O	E	S	L	R
L	H	S	N	I	E	U	A
I	W	T	R	I	V	R	N
S	A	E	C	U	P	E	G
N	C	M	A	E	R	C	E

CERISE   PINK
CERULEAN   PUCE
CREAM   SEPIA
GREEN   SILVER
LAVENDER   TAN
MAGENTA   VIOLET
ORANGE   WHITE

Puzzle 23: Birds Of Prey

D	A	I	E	D	N	C	L
E	R	D	E	O	A	R	E
T	A	A	C	A	E	W	R
I	C	L	Z	I	G	H	T
K	A	O	R	Z	O	L	S
F	R	R	W	B	U	I	E
A	A	A	B	L	H	B	K
H	C	Y	E	R	P	S	O

BUZZARD   HOBBY
CARACARA   KESTREL
EAGLE   KITE
FALCON   OSPREY
HARRIER   OWL

Level
Two:
Intermediates

Puzzle 24: Big Rivers

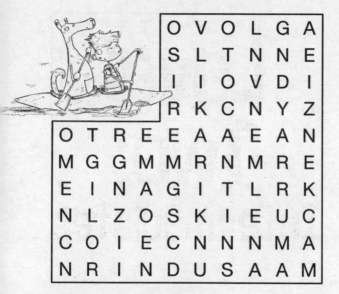

```
O  O  V  O  L  G  A
   S  L  T  N  N  E
   I  I  O  V  D  I
   R  K  C  N  Y  Z
O  T  R  E  E  A  A  E  A  N
M  G  G  M  M  R  N  M  R  E
E  I  N  A  G  I  T  L  R  K
N  L  Z  O  S  K  I  E  U  C
C  O  I  E  C  N  N  N  M  A
N  R  I  N  D  U  S  A  A  M
```

AMAZON	MACKENZIE	RIO GRANDE
AMUR	MEKONG	TOCANTINS
CONGO	MURRAY	VOLGA
INDUS	NIGER	YENISEI
LENA	NILE	

Puzzle 25: Let's Face It

I	H	D	C	E	I	T	E	Y	E
R	S	A	S	G	S	C	H	H	H
E	S	E	C	N	E	T	M	N	H
O	Y	H	H	O	K	O	T	S	N
E	I	E	C	S	U	E	C	K	T
N	E	R	B	T	A	Y	H	E	O
N	T	O	H	R	S	L	E	I	N
O	R	F	S	I	O	T	E	W	G
M	D	H	E	L	H	W	K	Y	U
E	E	N	O	S	E	S	S	K	E

CHEEKS
CHIN
EARS
EYEBROWS
EYELASHES
EYES

FOREHEAD
MOUTH
NOSE
NOSTRILS
TEETH
TONGUE

Puzzle 26: What's That Taste?

A	D	E	E	S	I	N	A	C	L
U	L	I	Q	U	O	R	I	C	E
N	R	N	R	S	Y	N	H	R	V
T	U	O	I	R	N	O	E	A	R
R	S	T	R	A	C	D	N	A	E
E	L	E	M	O	N	I	H	N	L
A	H	O	L	E	L				
C	N	A	V	L	G				
L	T	A	A	Q	E				
E	L	P	P	A	E				

ANISEED
APPLE
CHERRY
CHOCOLATE   LEMON   ROSE
CINNAMON   LIQUORICE   TREACLE
LAVENDER   NUTMEG   VANILLA

Puzzle 27: Cake

```
        Y D
      R L A B
    I E P E T E
  A G P E R C C C
F N L O T B N C R O
A E G M A R B L E S
T R A T L L E W E K A B
  O R I L O G P S O L
  R A R C N T R E
    R E O I R M
    A H G O
    P C N A
```

ANGEL	ECCLES
APPLE	FAIRY
BAKEWELL TART	GINGERBREAD
CARROT	LEMON
CHOCOLATE	MARBLE

Puzzle 28: Girls' Names

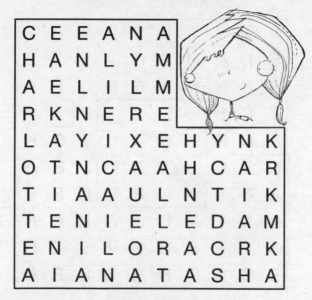

```
C E E A N A
H A N L Y M
A E L I L M
R K N E R E
L A Y I X E H Y N K
O T N C A A H C A R
T I A A U L N T I K
T E N I E L E D A M
E N I L O R A C R K
A I A N A T A S H A
```

ALEXANDRA	EMMA	LUCY
ANNA	KATE	MADELEINE
CAROLINE	KATHERINE	MICHELLE
CHARLOTTE	KATIE	NATASHA
ELAINE	KAY	

Puzzle 29: Meal Time

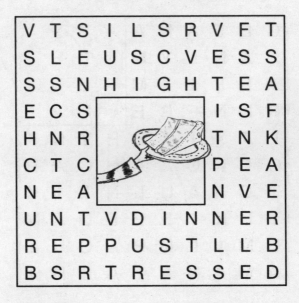

```
V  T  S  I  L  S  R  V  F  T
S  L  E  U  S  C  V  E  S  S
S  S  N  H  I  G  H  T  E  A
E  C  S  H  I  F
H  N  R  I  T  N  K
C  T  C  P  E  A
N  E  A  N  V  E
U  N  T  V  D  I  N  N  E  R
R  E  P  P  U  S  T  L  L  B
B  S  R  T  R  E  S  S  E  D
```

BREAKFAST	HIGH TEA
BRUNCH	LUNCH
DESSERT	SUPPER
ELEVENSES	TV DINNER

Puzzle 30: Month Mix-Up

```
T  R  J  A  N  U  A  R  Y  A
S  E  P  T  E  M  B  E  R  P
M  B  Y  R  A  U  R  B  E  F
P  O  F              M  B  L
H  T  A              E  M  A
A  C  P              C  E  U
J  O  R              E  V  G
R  U  I  A  A  R  N  D  O  U
U  M  L  E  M  U  G  U  N  S
A  M  A  Y  J  E  U  T  S  T
```

APRIL	JUNE
AUGUST	MARCH
DECEMBER	MAY
FEBRUARY	NOVEMBER
JANUARY	OCTOBER
JULY	SEPTEMBER

Puzzle 31: Counties In England

		X	R	V	C	D	N
		E	E	H	N	W	C
		S	E	A	I	O	T
		S	L	L	R	S	E
R	X	P	H	E	T	N	U	N	S
S	I	I	V	S	W	R	O	T	R
O	R	E	H	A	R	V	N	E	E
E	L	I	L	E	E	E	V	V	M
C	R	L	Y	D	K	N	A	O	O
E	R	I	H	S	P	O	R	H	S

CHESHIRE   KENT
CLEVELAND   SHROPSHIRE
CORNWALL   SOMERSET
DEVON   SURREY
ESSEX   WILTSHIRE

Puzzle 32: Juicy Jumble

```
E E P A L M T R O E
Y G I O O A I O O P
A R N O N N U N G F
W H E A T G R A S S
  L A L R O F B S
  I P A E O N E G
  M P G O C O E I
  E L U S A I T N
    E A R R S R
    M V S R S O
    O A E O A O
    N V A T P T
```

BEETROOT	GUAVA	ORANGE
CARROT	LEMON	PASSION FRUIT
CELERY	LIME	PINEAPPLE
GRAPE	MANGO	WHEATGRASS

Puzzle 33: Getting Washed

```
T  P  T  R  P  P
S  O  O  A  L  L
O  H  O  E  A  T
H  S  T  T  G  O
T  T  H  A  H  N  S  E  W  S
R  E  P  A  B  B  O  A  L  H
R  G  A  H  M  H  R  P  O  B
H  H  S  W  S  P  S  U  S  O
H  A  T  R  E  W  O  H  S  A
W  L  E  W  O  T  O  O  W  H
```

BATH
LATHER
SHAMPOO
SHOWER
SOAP

SPONGE
TOOTHBRUSH
TOOTHPASTE
TOWEL
WASH

Puzzle 34: The World of Roald Dahl

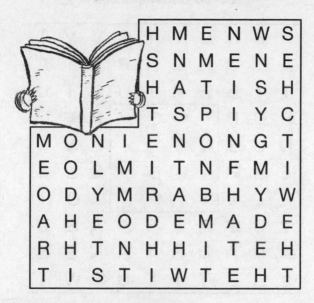

H	M	E	N	W	S
S	N	M	E	N	E
H	A	T	I	S	H
T	S	P	I	Y	C
M	O	N	I	E	N	O	N	G	T

M	O	N	I	E	N	O	N	G	T
E	O	L	M	I	T	N	F	M	I
O	D	Y	M	R	A	B	H	Y	W
A	H	E	O	D	E	M	A	D	E
R	H	T	N	H	H	I	T	E	H
T	I	S	T	I	W	T	E	H	T

DANNY   THE BFG
ESIO TROT   THE MINPINS
MATILDA   THE TWITS
RHYME STEW   THE WITCHES

Puzzle 35: Emperors

```
H S N O T T O V V I
A U O R E N R E I A
T I B E R I U S T U
H D R           P E G
N U G           A L U
E A R           S L S
R L J           I I T
V C G A L B A A U U
A H A D R I A N S S
L A D T I T U S V L
```

AUGUSTUS   OTTO
CLAUDIUS   TIBERIUS
GALBA   TITUS
HADRIAN   TRAJAN
NERO   VESPASIAN
NERVA   VITELLIUS

Puzzle 36: Christmas Time

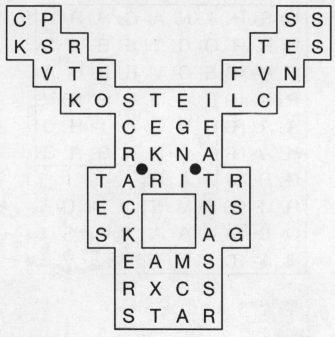

CAKE
CRACKERS
ELVES
GIFTS
PRESENTS

SANTA
STAR
STOCKING
TREE
XMAS

Puzzle 37: Healthy Eating

U	S	P	I	N	A	C	H	R	H
U	N	R	O	C	T	E	E	W	S
R	H	R	E	O	V	B	B	U	A
P	K	L	R	I	M	R	G	N	U
A	A	R	D	U	O	A	I	H	Q
K	A	N	C	C	R	K	S	A	S
C	E	U	C	A	P				
H	C	O	P	M	E				
O	L	S	U	A	A				
I	A	P	I	U	I				

ASPARAGUS	PAK CHOI
BROCCOLI	PEA
CARROT	PUMPKIN
CUCUMBER	SPINACH
ENDIVE	SQUASH
KALE	SWEETCORN

Puzzle 38: Art Attack

E	A	F	R	C	C			
I	F	P	P	R	R			
T	T	E	A	E	L			
P	Y	Y	L	P	N			
I	O	A	E	T	E	C	H	E	B
N	C	L	T	R	T	R	I	R	E
R	H	C	T	N	A	I	U	L	E
K	A	C	E	E	I	S	P	E	E
G	L	U	E	B	H	A	E	I	N
R	K	N	I	P	R	N	P	R	R

BRUSH	GLUE
CHALK	INK
CLAY	PAINT
CRAYON	PALETTE
ERASER	PAPER
FELT TIP	PENCIL

Puzzle 39: Body Boggle

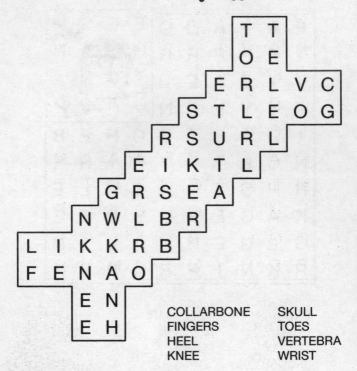

COLLARBONE   SKULL
FINGERS   TOES
HEEL   VERTEBRA
KNEE   WRIST

Puzzle 40: Big Cats

B	X	W	T	I	G	E	R	S	R
N	B	N	I	J	A	G	U	A	R
C	O	C	E	L	O	T	C	N	X
O	B	I	H	S	D	O	A	D	P
L	C	Y	L	E	U	C	R	C	A
O	A	J	A	G	E	A	A	A	N
N	T	M	A	G	P	T	C	T	T
H	U	R	Y	O	R	P	A	H	H
P	G	S	E	R	V	A	L	H	E
B	R	L	Y	N	X	R	M	H	R

BOBCAT   MARGAY
CARACAL   OCELOT
CHEETAH   PANTHER
COUGAR   PUMA
JAGUAR   SAND CAT
LEOPARD   SERVAL
LION   TIGER
LYNX   WILDCAT

Puzzle 41: United Kingdom Rivers

```
C N P W N R E V E S
L D N A V O N E N E
Y E I A Y A W D E M
D R R I B B L E E A
E S U O T A E R G H
U Y E P S R S W D T
      E E E E Y I
      Y M E N R W
      A W E T T U
      T R E T E S
```

AIRE	MERSEY	TEME
AVON	NENE	THAMES
BANN	RIBBLE	TRENT
CLYDE	SEVERN	TWEED
DERWENT	SPEY	TYNE
GREAT OUSE	TAY	URE
MEDWAY	TEES	WITHAM

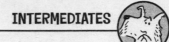

Puzzle 42: The Name Game

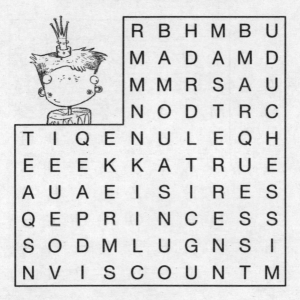

```
R B H M B U
M A D A M D
M M R S A U
N O D T R C
T I Q E N U L E Q H
E E E K K A T R U E
A U A E I S I R E S
Q E P R I N C E S S
S O D M L U G N S I
N V I S C O U N T M
```

BARON	MADAM	QUEEN
DUCHESS	MARQUESS	SIR
DUKE	MASTER	VISCOUNT
EARL	MISS	
KING	MRS	
LAIRD	PRINCESS	

Puzzle 43: Playing Chess

D	A	E	P	N	R			
R	B	T	W	I	N			
A	E	A	G	C	E			
O	P	M	C	A	A			
B	O	K	I	A	M	S	B	P	G
S	H	C	A	T	P	B	T	N	S
S	S	E	H	C	Z	T	I	L	B
E	I	H	R	O	O	K	U	T	E
H	B	C	R	E	T	I	B	R	A
C	T	N	A	S	S	A	P	N	E

ARBITER	CHECKMATE	PAWN
BISHOP	CHESSBOARD	ROOK
BLITZ CHESS	EN PASSANT	TIMER
CAPTURE	GAMBIT	WIN
CASTLE	KING	

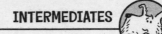

Puzzle 44: Medical Attention

```
        G T M R
        P A R E
        U B C T
        R L I S
Y E M G Y E T A L R B S
A D U O S T O L N U N T
P R E S C R I P T I O N
D E E M S P B P M O E E
        E I I A
        E R T C
        Y I N Y
        V R A I
```

ANTIBIOTIC
DRUG
PILL
PLASTER
PRESCRIPTION

REMEDY
SYRUP
TABLET
TISSUE
VITAMINS

Puzzle 45: Time For Fun

```
G L L A B T O O F V
M R E A D I N G T C
S W R I T I N G O G
E I N D L I N M N E
L A S A T I P I A I
Z I Z N H U M L O L
Z E I C T M
U A T E I R
P A R W I L
W S S T C D
```

ART	PAINTING	WATCHING TV
COMPUTERS	PUZZLES	WRITING
DANCE	READING	
FOOTBALL	SWIMMING	

Puzzle 46: Numbers, Big And Small

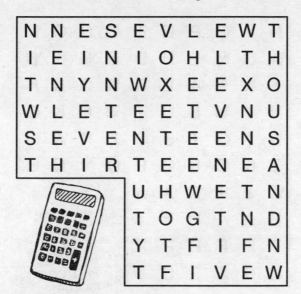

```
N  N  E  S  E  V  L  E  W  T
I  E  I  N  I  O  H  L  T  H
T  N  Y  N  W  X  E  E  X  O
W  L  E  T  E  E  T  V  N  U
S  E  V  E  N  T  E  E  N  S
T  H  I  R  T  E  E  N  E  A
         U  H  W  E  T  N
         T  O  G  T  N  D
         Y  T  F  I  F  N
         T  F  I  V  E  W
```

EIGHTEEN	NINETEEN	THOUSAND
ELEVEN	ONE	TWELVE
FIFTY	SEVENTEEN	TWENTY
FIVE	SIXTEEN	TWO
FOUR	THIRTEEN	

Puzzle 47: Things You Put On The Wall

```
N P G P R E T S O P
W G N L H D E Y H W
I N I A L R R O A K
N I V S U T T L K O
D T O T S O L R W O
O N C E G P O N N H
W I P R A W
P A A P T I
T P E R P P
H R A E S T
```

ARTWORK
COVING
HOOK
PAINTING
PHOTOGRAPH
PICTURE
PLASTER
POSTER
SIGN
TAPESTRY
WALLPAPER
WINDOW

Puzzle 48: Fluffy Animals

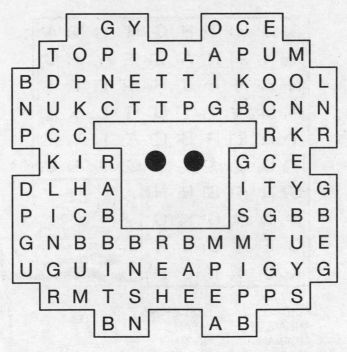

```
      I G Y       O C E
    T O P I D L A P U M
  B D P N E T T I K O O L
  N U K C T T P G B C N N
  P C C           R K R
    K I R   ●   ●   G C E
  D L H A           I T Y G
  P I C B           S G B B
  G N B B B R B M M T U E
  U G U I N E A P I G Y G
    R M T S H E E P P S
      B N       A B
```

BEAR	DOG	HAMSTER	RABBIT
CAT	DUCKLING	KITTEN	SHEEP
CHICK	GERBIL	MONKEY	
CUB	GUINEA PIG	PUPPY	

Puzzle 49: All At Sea

```
S O U T H C H I N A
A N A R A B I A N C
N A P A J H E I I K
A M R T T B H T S A
I A E R B C A T I P
P D O I T I O A A L
S N R S R H
A A A D K C
C E A O E R
K C A L B R
```

ADRIATIC	EAST CHINA
ANDAMAN	JAPAN
ARABIAN	NORTH
BLACK	OKHOTSK
CARIBBEAN	RED
CASPIAN	SOUTH CHINA

Puzzle 50: Scary Monsters

O	U	G	H	O	U	L	P	A	I
A	P	E	U	N	D	E	A	D	M
H	Z	H	V	R	I	C	T	O	O
C	O	E	A	B	T	T	N	B	S
T	D	Z	M	N	I	S	A	P	Z
I	I	O	P	R	T	N	O	P	I
W	Z	A	I	E	S	O	H	H	P
N	S	P	R	H	K	O	M	R	G
R	S	P	E	C	T	R	E	P	U
C	W	E	R	E	W	O	L	F	S

BANSHEE   SPOOK
GHOST   UNDEAD
GHOUL   VAMPIRE
MONSTER   WEREWOLF
PHANTOM   WITCH
SPECTRE   WIZARD
SPIRIT   ZOMBIE

Puzzle 51: Team Sports

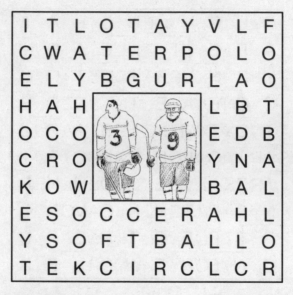

```
I T L O T A Y V L F
C W A T E R P O L O
E L Y B G U R L A O
H A H       L B T
O C O   3   9   E D B
C R O       Y N A
K O W       B A L
E S O C C E R A H L
Y S O F T B A L L O
T E K C I R C L C R
```

CRICKET	LACROSSE	VOLLEYBALL
FOOTBALL	RUGBY	WATER POLO
HANDBALL	SOCCER	
ICE HOCKEY	SOFTBALL	

Puzzle 52: Toy Box

```
            E
          T Z L
        L R I S Z
      N A A L K J Z
    N Y N I L U I A U
  S P I N N I N G T O P
    R K L S L S S L E
    Y A A E Z L A O C
      T C T D L W A
        O Y Z O R
        L O O D M
          N S T
```

CARDS
DOLLS
JIGSAW
KITE
MODEL
PUZZLE
SLINKY
SPINNING TOP
TOY CARS
TRAIN SET

Puzzle 53: Athletics

```
U L P J D P
J A A E M O
I V C U S L
E A J H O E
E L N L T E O N R V
H H I H L T G E J A
T N L P P J L O L U
L O I U U A V O H L
N R T M Y E T I E T
T J P M U J H G I H
```

DECATHLON	POLE VAULT
HIGH JUMP	RELAY
JAVELIN	SHOT PUT
LONG JUMP	TRIPLE JUMP

Puzzle 54: Natural Water Features

```
Y G N O B A L L I B
L L A F R E T A W E
A C E N S T R E A M
V E R N G N I R P S
R A S E V K B I R T
T N R T E L U V I R
      U K T E N A
      B A A R L I
      B A R L E T
      N G Y Y T N
```

BAY	REEF	STREAM
BILLABONG	RIVER	TARN
CREEK	RIVULET	TRIBUTARY
ESTUARY	SEA	WATERFALL
INLET	SPRING	
LAKE	STRAIT	

Puzzle 55: Woodwind Instruments

P	P	R	P	N	A	T	H	S	E
O	B	H	E	I	T	C	A	S	C
P	S	A	T	C	C	X	E	L	N
P	X	E	G	F	O	C	A	N	P
E	E	P	I	P	N	R	O	H	F
O	I	H	H	H	I	O	D	L	T
O	N	O	C	N	S	P	U	E	O
T	N	E	E	S	R	T	E	G	R
E	C	T	A	N	E	F	O	S	E
P	E	B	P	S	I	P	O	R	C

BAGPIPES   FLUTE   RECORDER
BASSOON   HORNPIPE   SAXOPHONE
CLARINET   PICCOLO

Puzzle 56: Breakfast Feast

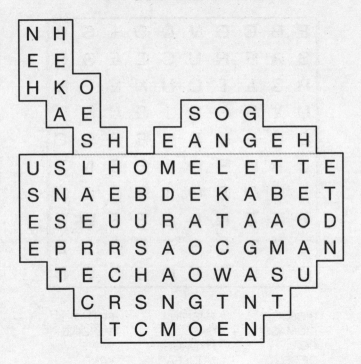

```
N  H
E  E
H  K  O
   A  E        S  O  G
   S  H     E  A  N  G  E  H
U  S  L  H  O  M  E  L  E  T  T  E
S  N  A  E  B  D  E  K  A  B  E  T
E  S  E  U  U  R  A  T  A  A  O  D
E  P  R  R  S  A  O  C  G  M  A  N
   T  E  C  H  A  O  W  A  S  U
      C  R  S  N  G  T  N  T
         T  C  M  O  E  N
```

BACON	EGG	TOAST
BAKED BEANS	HASH BROWN	TOMATO
CEREAL	OMELETTE	
CREPE	SAUSAGE	

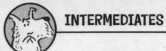

Puzzle 57: Power Crazy

```
E  G  O  G  V  D  O  I  G  W
S  A  F  N  U  C  L  E  A  R
H  S  L  L  O  N  N  V  F  L
U  Y  A  L  C  I  E  U  E  I
P  O  D  M  B  N  S  S  D  O
C  R  W  R  O  I  E  S  N  V
L  E  U  F  O  I  B  S  I  U
F  T  E  N  D  G  B  E  W  F
L  S  L  O  R  T  E  P  L  B
O  O  I  I  V  O  D  N  C  D
```

BIOFUEL	FUSION	PETROL
BIOMASS	GAS	TURBINE
COAL	HYDROGEN	WAVE
DIESEL	NUCLEAR	WIND
FISSION	OIL	

Puzzle 58: Drink Up!

T	A	M	I	C	I	S	R	O	C
L	K	I	O	S	W	O	R	J	O
E	U	L	H	H	S	A	U	Q	S
M	A	K	I	R	N	I	T	M	L
O	E	S	A	G	C	C	O	E	A
N	L	H	E	E	O	O	H	A	R
A	E	A	H	F	T			
D	D	K	F	H	E			
E	W	E	I	S	J			
M	E	E	L	H	T			

COFFEE   ORANGEADE
COLA   SMOOTHIE
JUICE   SQUASH
LEMONADE TEA
MILKSHAKE WATER

Puzzle 59: Farmyard Fun

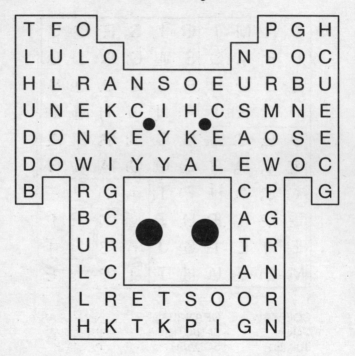

T	F	O					P	G	H
L	U	L	O			N	D	O	C
H	L	R	A	N	S	O	E	U	R	B	U
U	N	E	K	C	I	H	C	S	M	N	E
D	O	N	K	E	Y	K	E	A	O	S	E
D	O	W	I	Y	Y	A	L	E	W	O	C
B		R	G				C	P		G
	B	C				A	G	
	U	R			T	R	
	L	C			A	N	
	L	R	E	T	S	O	O	R
	H	K	T	K	P	I	G	N

BULL
CALF
CAT
CHICKEN
COW
DONKEY
DUCK
GOAT
GOOSE
HEN
HORSE
LAMB
PIG
ROOSTER
SHEEP
TURKEY

Puzzle 60: Christian Saints

```
        J A M E S T
        L L S K D J
        A U C A O W
        M I V H E R
F A S S R I N R N E
E K A T D B D A W T
C R A F O N A O J E
E P C S A R C N A P
N I C H O L A S N I
C O G A B R I E L E
```

ANDREW	GABRIEL	NICHOLAS
ANNE	JAMES	PANCRAS
DAVID	JOAN OF ARC	PATRICK
ERASMUS	JOHN BOSCO	PETER

Puzzle 61: Sandwich Selection

```
B M M U S T A R D S
O T A M O T E R U W
E N Y J M A H E J E
C N O       B A E
U O N       M L T
T M N       U A C
T L A       C P O
E A I N G T L U E R
L S S G U U M C N N
O F E E B T S A O R
```

CLUB	JAM	SALMON
CUCUMBER	LETTUCE	SWEETCORN
EGG	MAYONNAISE	TOMATO
HAM	MUSTARD	TUNA
JALAPENO	ROAST BEEF	

Puzzle 62: Shades Of Green

```
E D A J E P R A H U
M A W E D Y E N O H
E S U E R T R A H C
R P S     I R E
A A S     D E L
L R O     I V A
D A M     R O D
A G E I S E V I L O
V U D T N H E V C N
I S I E L T R Y M R
```

ASPARAGUS	HONEYDEW	OLIVE
CELADON	JADE	PEAR
CHARTREUSE	MINT	TEAL
CLOVER	MOSS	VIRIDIAN
EMERALD	MYRTLE	

Puzzle 63: In The Back Garden

L	S	S	R	R	S
A	S	E	E	R	T
W	G	L	S	P	O
N	K	B	P	A	B

H	B	S	U	N	B	A	T	H	E
E	E	O	I	U	V	T	P	T	Z
R	L	R	S	I	W	E	A	H	A
B	P	H	N	O	S	G	A	A	G
S	E	G	M	O	R	E	T	A	W
B	U	R	H	S	E	V	A	E	L

BUSH	LEAVES	SUNBATHE
GATE	LOUNGER	TREES
GAZEBO	MOW	VEGETABLES
HERBS	PAVING	WATER
HOSE	SHRUB	
LAWN	SPRINKLER	

Level
Three:
Advanced

Puzzle 64: Biscuit Crackers

```
I  T  S  J  D  P  O  A  R  I  A  T
S  D  U  R  A  L  E  Z  T  E  R  P
L  H  L  N  E  F  Z  R  T  K  W  I
J  A  O  A  R  I  F  H  A  A  P  E
P  N  R  R  B  E  C  A  F  C  M  V
U  O  E  L  T  I  G  E  C  T  T  I
R  O  K  S  R  C  R  N  R  A  A  T
O  R  C  A  O  E  A  A  I  O  K  S
T  A  A  H  H  R  H  K  G  G  R  E
E  C  R  I  S  P  B  R  E  A  D  G
E  A  C  L  N  O  B  R  U  O  B  I
R  M  S  F  L  A  P  J  A  C  K  D
```

BOURBON	FLAPJACK	MACAROON	RICH TEA
CRACKER	GARIBALDI	MATZO	SHORTBREAD
CRISPBREAD	GINGER NUT	OATCAKE	SHORTCAKE
DIGESTIVE	JAFFA CAKE	PRETZEL	WAFER

Puzzle 65: Shades Of Blue

```
D E S I O U Q R U T N A
L C U A G L A U C O U S
C M Y C I T Z N T I A E
O I D A D R U E L P L R
B D N M N A R E P K E N
A N A B I M E H N D A C
L I I R M A I I W E A U
T G S I S R W O L U E A
E H S D E I P U
G T U G R N R P
R R R E H E R I
I U P U C Y R D
```

AZURE	CYAN	IRIS	PRUSSIAN
CAMBRIDGE	ETON	MIDNIGHT	SAPPHIRE
CERULEAN	GLAUCOUS	PERIWINKLE	TURQUOISE
COBALT	INDIGO	POWDER	ULTRAMARINE

Puzzle 66: On The Computer

C	N	R	E	O	L	K	R	P	C	R	R
R	A	N	E	T	W	O	R	K	O	C	R
O	T	D	D	B	T	E	R	D	Y	A	R
I	E	M	E	I	T	D	V	R	T	B	T
L	K	V	N	N	T	D	O	C	H	L	O
B	D	O	I	A	D	M	T	R	C	E	D
M	M	R	B	R	E	N	N	A	C	S	B
N	P	L	I	M	D	N	N	N	I	U	K
A	E	V	I	R	D	D	C	N	K	O	I
T	E	N	O	H	P	O	R	C	I	M	M
N	L	M	K	E	Y	B	O	A	R	D	T
I	I	I	N	D	I	D	A	N	H	A	T

CABLE	HARD-DRIVE	MONITOR	SCANNER
CD-DRIVE	KEYBOARD	MOUSE	TABLET
DOCK	MEMORY	NETWORK	
DVD-DRIVE	MICROPHONE	PRINTER	

Puzzle 67: Dinner Time

A	S	R	U	P	O	U	F
S	N	U	S	Z	H	U	I
P	Y	R	F	R	I	T	S
R	A	U	D	S	T	A	H
A	A	T	R	U	E	U	S	E	N	M	A
Y	Z	U	A	Y	N	Y	H	T	O	N	N
E	C	Z	S	P	G	G	P	U	O	S	D
S	H	A	I	U	A	S	S	S	D	U	C
N	E	N	T	P	S	S	K	A	L	R	H
P	E	S	S	R	A	H	T	L	E	N	I
P	E	H	U	K	L	U	I	A	S	G	P
O	T	S	A	O	R	Y	A	D	N	U	S

CURRY   NOODLES   SOUP   SUSHI
FISH AND CHIPS   PASTA   SPAGHETTI   TAPAS
LASAGNE   PIZZA   STIR FRY
MOUSSAKA   SALAD   SUNDAY ROAST

Puzzle 68: They're All Teachers!

```
C S R E T S A M D A E H
R L E C T U R E R R R R E
R O A     T N R R E A
R P     T N O O P C D
E I     N O L R D O M
N C     L O E C A I
I N R L I E F A T E C S
A I T S S E N O C A H T
R R I N S T R U C T O R
T P U S T E A C H E R E
I O O R W O L L E F D S
C R R G O V E R N E S S
```

COACH
COUNSELLOR
DEAN
DOCTOR
DON

FELLOW
GOVERNESS
HEADMASTER
HEADMISTRESS
INSTRUCTOR

LECTURER
PRINCIPAL
PROFESSOR

TEACHER
TRAINER
TUTOR

Puzzle 69: Fish For Dinner

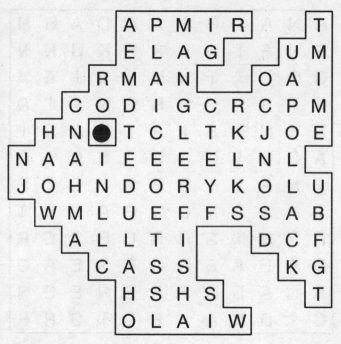

```
        A P M I R     T
        E L A G   U M
      R M A N   O A I
      C O D I G C R C P M
  H N ● T C L T K J O E
N A A I E E E E L N L
J O H N D O R Y K O L U
  W M L U E F F S S A B
    A L L T I   D C F
    C A S S   K G
      H S H S     T
      O L A I W
```

ANGLER FISH	MONKFISH	SOLE
BASS	PERCH	TROUT
COD	PLAICE	TUNA
JOHN DORY	POLLACK	WHITING
MACKEREL	SALMON	

Puzzle 70: Languages In Europe

```
A N A I C I L A G I H N
P N A I N I A R K U N N
O O L I T H U A N I A N
E T R I N S R G N I I A
N H N T S I A I N A N I
A G S I U R D A N L O G
I H A I I G B R L E T E
T N A A N L U G A U S W
A R N T A R R E R S E R
O S F A E R O E S E A O
R N A L A T A C N E E N
C I D N A L E C I D R K
```

ALBANIAN	ESTONIAN	HUNGARIAN	PORTUGUESE
CATALAN	FAEROESE	ICELANDIC	RUSSIAN
CORNISH	GALICIAN	LITHUANIAN	SARDINIAN
CROATIAN	GREEK	NORWEGIAN	UKRAINIAN

Puzzle 71: Gamers' Corner

O	T	P	Y	G	S	C	M	E	M	R	Y
M	F	L	X	O	A	X	M	N	R	E	S
O	I	A	N	I	B	M	D	M	A	N	Y
R	C	Y	W	O	O	E	E	I	N	A	Y
O	D	S	X	I	R	G	M	G	T	P	C
T	S	T	T	S	A	C	M	A	E	R	D
T	G	A	F	D	I	E	A	S	G	A	O
E	M	T	R	R	A	A	G	D	N	O	R
G	M	I	C	R	O	S	O	F	T	O	S
T	V	O	D	N	E	T	N	I	N	B	E
E	F	N	E	N	T	G	I	N	O	Y	A
S	T	B	E	M	L	W	W	G	E	M	R

DREAMCAST   MEGADRIVE   PLAYSTATION

DSI   MICROSOFT   SONY

GAME BOY   NES   WII

GAME GEAR   NINTENDO   XBOX

Puzzle 72: Plug-In Equipment

R	C	E	N	O	H	P	E	L	E	T	N
E	O	B	L	U	R	A	Y	R	M	O	D
T	O	A	S	T	E	R	E	E	I	D	N
A	K	R	F	L	K	Y	F	S	E	C	S
E	E	V	T	L	A	T	I	G	I	D	A
H	R	T	L	L	M	V	O	C	L	P	T
I	E	I	P	R	E				L	T	E
K	R	D	A	L	E				A	E	L
G	V	D	E	E	F				Y	E	L
D	I	T	Y	R	F				E	R	I
O	E	V	A	W	O	R	C	I	M	R	T
G	A	E	F	R	C	O	N	S	O	L	E

BLU-RAY	COOKER	HEATER	SATELLITE
CD PLAYER	DIGITAL TV	KETTLE	TELEPHONE
COFFEE MAKER	DVD PLAYER	MICROWAVE	TELEVISION
CONSOLE	GRILL	RADIO	TOASTER

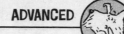

Puzzle 73: Feeling Sleepy

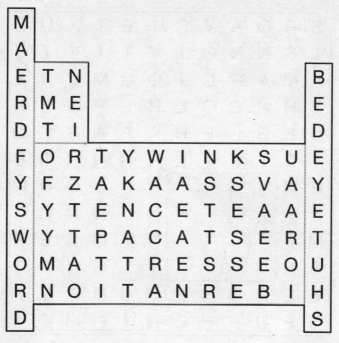

```
M
A   T   N                                                   B
R   M   E                                                   E
D   T   I                                                   D
F   O   R   T   Y   W   I   N   K   S   U                   E
Y   F   Z   A   K   A   A   S   S   V   A                   Y
S   Y   T   E   N   C   E   T   E   A   A                   E
W   Y   T   P   A   C   A   T   S   E   R                   T
O   M   A   T   T   R   E   S   S   E   O                   U
R   N   O   I   T   A   N   R   E   B   I                   H
D                                                           S
```

BED	DUVET	NAP	SIESTA
DOZE	FORTY WINKS	REST	TRANCE
DREAM	HIBERNATION	SACK TIME	
DROWSY	MATTRESS	SHUT EYE	

Puzzle 74: Musical Instruments

```
S R O A V C I E T X U B
I S N N O I V T I Y T O
A M A R C I O U M L R E
B H N B O L R L P O E N
U E B L E H A F A P C O
T E I E I L H R N H O B
R N         B C I O R M
U P         N U N N D O
M F         N A O E E R
P N         I L G D R T
E E R O H P O U D R V F
T E U P H O N I U M O T
```

CLARINET   FRENCH HORN   TROMBONE   XYLOPHON
CORNET   ORGAN   TRUMPET
DOUBLE BASS   PIANO   TUBA
EUPHONIUM   RECORDER   VIOLA
FLUTE   TIMPANI   VIOLIN

Puzzle 75: Types Of Pen

```
E E L I B T T D A S H R
A B P R C I M P P T I L
C L A T E I O I W I G E
I R G L N K T D R G H L
F R O L L E R B A L L R
W O I W R P N A F N I A
M L U B Q N O A M E G I
R B I N L U B I M E H R
G F E L T T I P N R T A
U E R A S A B L E T E E
E I R Q B K I E L E R P
L E T I O G D N S F L I
```

BALLPOINT	FIBRE TIP	REED
CROW QUILL	FOUNTAIN	ROLLER BALL
DIP	HIGHLIGHTER	
ERASABLE	MARKER	
FELT TIP	PERMANENT	

Puzzle 76: Gemstones

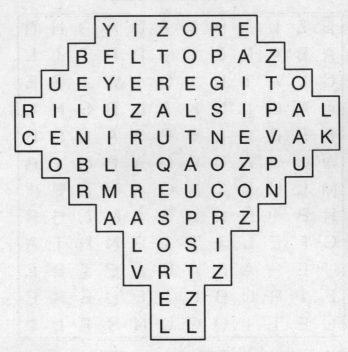

```
        Y I Z O R E
       B E L T O P A Z
      U E Y E R E G I T O
   R I L U Z A L S I P A L
   C E N I R U T N E V A K
     O B L L Q A O Z P U
      R M R E U C O N
       A A S P R Z
         L O S I
         V R T Z
           E Z
           L L
```

AMBER	LAPIS LAZULI	RUBY
AVENTURINE	OPAL	TIGEREYE
CORAL	PEARL	TOPAZ
KUNZITE	ROSE QUARTZ	ZIRCON

Puzzle 77: Shades Of Pink

```
H A P O M P A D O U R G
S F S A A T S N M I C N
R A R A N E C O R A L I
H S H E L L P I N K N K
N C G T N M T T S N U C
I A A A N C O A P O Y O
M S I E I A H N U C E H
P O H S P S R R L O S S
          R A H A O R I E
          C E M C M S R C
          M E P N U A E U
          N T L A T F C P
```

AMARANTH	CYCLAMEN	MAGENTA	PUCE
CARNATION	FRENCH ROSE	PEACH	SALMON
CERISE	FUCHSIA	PERSIAN	SHELL PINK
CORAL	HOT	POMPADOUR	SHOCKING

Puzzle 78: Types Of Plant

```
N P B U R H S U B R L N
A I G N D N S U C A S E
D I E N S E O U T E I F
O S G V N E M B G C T L
R L N P E R E N N I A L
C N E L G G R D I C B C
R N C U N R E F L L F T
A C F B W E A T P I C E
S G N E R V I S A M N P
L B G T G E I T S B N G
V E V R F L H N E E L T
V D I E F L O W E R R E
```

BUSH	FERN	MOSS	SHRUB
CACTUS	FLOWER	PERENNIAL	TREE
CLIMBER	GRASS	SAPLING	VEGETABLE
EVERGREEN	HERB	SEEDLING	VINE

Puzzle 79: Famous Queens

```
V A V I C T O R I A T R
V L S L O O Y A N I L R
E N I L O R A C A N H V
G N T A A B R R C A T F
H U O M E I T T C T E L
L N I H C A E A I I B I
U E S N P L H E D T A E
L C B O E E C A U B Z U
O E E A L V S B O R I A
B L N E S P E R B I L N
C O N I T I T R E F E N
R V E P O L E N E P N E
```

ANNE	ELEANOR	ISABEL	PERSEPHONE
BOUDICCA	ELIZABETH	MARY	SHEBA
CAROLINE	GUINEVERE	NEFERTITI	TITANIA
CLEOPATRA	HELEN	PENELOPE	VICTORIA

Puzzle 80: Jackets, Coats And More

```
          E R N D
          C T H I
    K A A B A Z N A T O
R M M A O O P N C R V O
A W I N D C H E A T E R
C B O Y H A R G R E
L O R W C R J O A L
E F A A N E A U L O
F E K R E Z C L L B
F A R M R A K E P E
U A A E T L E I Y N
D P P R E B T E O T
```

ANORAK   CAPE   PARKA
BLAZER   DINNER JACKET   RAIN
BODY-WARMER   DUFFEL   TRENCH COAT
BOLERO   MAC   WINDCHEATER
CAGOULE   OVERALL

Puzzle 81: Entertaining Events

```
Y  T  H  E  A  T  R  E  R  T  E  P
M  S  R  C  O  N  C  E  R  T  C  U
E  P  A  O  K  E              M  P
F  K  A  K  P  E              A  P
E  I  O  N  F  S              G  E
Y  L  R  A  T  P              I  T
W  D  A  E  R  O  B  A  T  I  C  S
Y  I  E  C  W  A  M  D  T  I  I  H
T  W  M  M  I  O  K  I  R  R  A  O
R  I  A  F  O  S  R  C  M  K  N  W
A  M  E  N  I  C  U  K  M  E  C  I
P  L  A  Y  W  S  I  M  S  I  W  O
```

AEROBATICS	CONCERT	MAGICIAN	PLAY
CINEMA	FAIR	MUSICAL	PUPPET SHOW
CIRCUS	FIREWORKS	PANTOMIME	SPORT
COMEDY	KARAOKE	PARTY	THEATRE

Puzzle 82: Pets In A Pickle

```
I  T  O  R  R  A  P  R  I  P  A  E
T  R  P  Y  E  C  A  T  K  C  U  D
P  I  A  H  E  T  H  E  M  R  B  R
D  G  M  G  S  K  S  I  D  I  U  A
P  U  L  O  R  I  N  M  C  O  D  Z
U  A  I  A  O  T  F  O  A  K  G  I
P  N  B  T  H  T  L  D  E  H  E  L
P  A  R  A  K  E  E  T  L  G  R  N
Y  O  E  P  O  N  Y  B  E  O  I  S
T  C  G  I  P  A  E  N  I  U  G  P
P  C  H  I  N  C  H  I  L  L  A  U
F  E  R  R  E  T  I  B  B  A  R  D
```

BUDGERIGAR	FERRET	HORSE	PIGEON
CAT	GERBIL	IGUANA	PONY
CHICKEN	GOAT	KITTEN	PUPPY
CHINCHILLA	GOLDFISH	LIZARD	RABBIT
DOG	GUINEA PIG	PARAKEET	RAT
DUCK	HAMSTER	PARROT	TORTOISE

Puzzle 83: London Train Stations

```
I  B  L  A  C  K  F  R  I  A  R  S
E  N  O  B  E  L  Y  R  A  M  E  S
T  O  N  P  S  K           O  O
A  T  D  W  A  I           A  R
G  G  O  A  R  N           V  C
R  N  N  T  C  G           I  G
O  I  B  E  N  S  R  O  S  E  C  N
O  D  R  R  A  C  A  N  A  U  T  I
M  D  I  L  P  R  S  T  G  S  O  R
O  A  D  O  T  O  N  A  G  T  R  A
H  P  G  O  S  S  O  R  R  O  I  H
T  E  E  R  T  S  N  O  N  N  A  C
```

BLACKFRIARS	KING'S CROSS	PADDINGTON
CANNON STREET	LONDON BRIDGE	ST PANCRAS
CHARING CROSS	MARYLEBONE	VICTORIA
EUSTON	MOORGATE	WATERLOO

Puzzle 84: Shapes Go Ape

```
        A N S T
      N R T E Q M
    E O E P H G U E
  N N N K P E R I A I
Y X O A A I P O Z N R N
N E L G N A T C E R O E
E O E O Y A A E P G E E
I L G N E L G N A I R T
  O C A A L O T R A R
    Q R X L N P T A
      S I E I E E
        P C H H
```

CIRCLE   NONAGON
HEART   PENTAGON
HEPTAGON   POLYGON
HEXAGON   RECTANGLE   TRAPEZIUM
KITE   SQUARE   TRIANGLE

Puzzle 85: Relatively Speaking

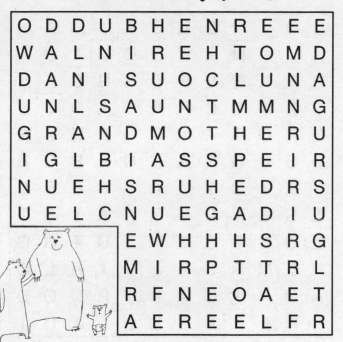

```
O D D U B H E N R E E E
W A L N I R E H T O M D
D A N I S U O C L U N A
U N L S A U N T M M N G
G R A N D M O T H E R U
I G L B I A S S P E I R
N U E H S R U H E D R S
U E L C N U E G A D I U
      E W H H H S R G
      M I R P T T R L
      R F N E O A E T
      A E R E E L F R
```

AUNT	DAUGHTER	MOTHER-IN-LAW	SISTER
BROTHER	FATHER-IN-LAW	MUM	SON
COUSIN	GRANDMOTHER	NEPHEW	UNCLE
DAD	HUSBAND	NIECE	WIFE

Puzzle 86: Reptiles Roundup

```
C O I N D L C A I M A N
R L K N I K S T C T O A
O N A Z U P O H R G K S
C R A I C R A O A O C D
O R O O T M T R A E E A
D O U O E A D N R E G R
I R I L G O A Y N E S I
L S E I D U N D A L T G
E O L O G T N E U T G G
N L M I S K L V I R L O
A O A I O A L I R U O D
K N E K A N S L L T U I
```

ALLIGATOR	IGUANA	TERRAPIN
CAIMAN	KOMODO DRAGON	THORNY DEVIL
CHAMELEON	LIZARD	TORTOISE
CROCODILE	SKINK	TURTLE
GECKO	SNAKE	

Puzzle 87: Sports To Try

```
A S U S F E K Y J U D O
A E G I H O T T B N R L
S I A N R A O A E G L E
H O I N I I N T R A U B
S O B E C L B D B A G R
A C I T S A C T B A K M
U R V O L L E Y B A L L
Q I D L E K C G C N L L
S C I T S A N M Y G L L
B K B A D M I N T O N M
H E B C Q R U N N I N G
S T S U H O C K E Y C I
```

BADMINTON	FOOTBALL	JUDO	RUNNING
BASKETBALL	GYMNASTICS	KARATE	SQUASH
CRICKET	HANDBALL	NETBALL	TENNIS
CYCLING	HOCKEY	RUGBY	VOLLEYBALL

Puzzle 88: Flower Power

```
    L L I        H S I
  T U L I P    C T S R S
  S S D A D    R O S E I R
    U R S S O C R L S S
      N F I K F N E A
  L S T F L ● ● F Y T E T
  R E W O L F L L A W S D
  P O P P Y O I O D D I A
    Y R   R L W W   H A
        W A T R E C
        C M N F R R
          A F O P
```

AMARYLLIS	LILAC	STOCK
ASTER	LILY	SUNFLOWER
CORNFLOWER	ORCHID	TULIP
DAFFODIL	POPPY	WALLFLOWER
IRIS	ROSE	

Puzzle 89: Roast Dinner

```
E  R  E  W  O  L  F  I  L  U  A  C
N  O  M  M  A  G  E  L  P  A  C  U
E  A           E  O  A  H  M  N
O  S           B  C  I  M  C  B
A  T           K  C  T  R  S  R
K  P           K  O  G  C  P  O
R  O  R  M  Y  E  G  R  R  A  R  P
N  T  E  P  N  E  A  B  R  R  O  N
M  A  R  K  D  V  K  S  A  R  U  N
A  T  E  E  Y  K  N  R  K  O  T  W
P  O  W  G  N  I  F  F  U  T  S  S
E  S  A  E  P  G  O  N  H  T  U  O
```

BEEF	CHICKEN	PARSNIP	SPROUTS
BROCCOLI	GAMMON	PEAS	STUFFING
CARROT	GRAVY	PORK	SWEDE
CAULIFLOWER	LAMB	ROAST POTATO	TURKEY

Puzzle 90: London Underground Lines

```
H N O R T H E R N L T E
L A R T N E C A T E E C
P T M L R T       I I
J I A M C E       A H
O L C T E E       L A
N O C C J R       T I
E P L I A U S T V A I R
L O C R R D B M U L O O
E R E T E C I I I C M T
B T E S L K L L L T S C
E E N I M M A E L E H I
S M B D S Y O B I Y E V
```

BAKERLOO   HAMMERSMITH   PICCADILLY
CENTRAL   JUBILEE   VICTORIA
CIRCLE   METROPOLITAN
DISTRICT   NORTHERN

Puzzle 91: Types Of Book

```
I N G U I D E B O O K S
S O H N F E C N A M O R
O N I C I I A E C B E T
C F S N C F M H I F E R
L I T C S I I O E X E A
A C O S R L G R T L E E
S T R C D R E B L A F N
S I Y R A N O I T C I D
I O E P C O R L
C N H E K H A T
S Y R E T S Y M
H F A N T A S Y
```

ATLAS   CRIME   HISTORY   ROMANCE
BIOGRAPHY   DICTIONARY   MYSTERY   SCI-FI
CHILDREN'S   FANTASY   NON FICTION   TEXTBOOK
CLASSICS   GUIDEBOOK   REFERENCE   THRILLER

 Time ....

Puzzle 92: Animal Safari

```
        A H G N U S
      W I I C I K U E
        L A P P I R M N
        E A N I A R A E
        W T K T E K T F
  R H I N O C E R O S F O
  H Y L A E K A L P R O E
  O E D H T O E J O A Y H
  F N D P A A T R P P N X
  F A O E Y D R A P O E L
      G L         R I
      C E         L H
```

ANTELOPE	GNU	ORYX
ELEPHANT	JACKAL	OSTRICH
HIPPOPOTAMUS	LEOPARD	RHINOCEROS
HYENA	LION	WILD DOG
GIRAFFE	OKAPI	

Puzzle 93: Football Clubs

```
R Y T I C L O T S I R B
R A O S I D D T T I C V
A L L I V N O T S A N N
E E L T S A C W E N A M
N K W I I L D A C G A W
O M O N V R W A I H A C
T R S T O E R W L C R H
L L H F S D R U L I S E
O C T T I N F P T W E L
B A H F S U O L O R N S
W A F N B S B F A O A E
M H S E V E R T O N L A
```

ARSENAL	CARDIFF	LIVERPOOL	SUNDERLAND
ASTON VILLA	CHELSEA	NEWCASTLE	WATFORD
BOLTON	EVERTON	NORWICH	WEST HAM
BRISTOL CITY	FULHAM	STOKE	WIGAN

Puzzle 94: UK Prime Ministers

```
G M A C D O N A L D C G
C D A S Q U I T H N A L
T H O C H U R C H I L L
R B A U M E D E N W L O
I E A M G I A T R D A Y
A C H L B L L T H L G D
L C A C F E A L H A H G
B T E T T O R S A B A E
      T A U L H N N O
      C L H R A O D R
      B L E T A I M G
      C A M E R O N E
```

ASQUITH   CAMERON   LLOYD GEORGE
ATTLEE   CHAMBERLAIN   MACDONALD
BALDWIN   CHURCHILL   MACMILLAN
BALFOUR   DOUGLAS-HOME   THATCHER
BLAIR   EDEN
CALLAGHAN   HEATH

Puzzle 95: Gone Camping

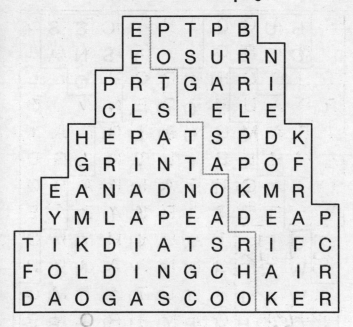

```
        E P T P B
        E O S U R N
      P R T G A R I
      C L S I E L E
    H E P A T S P D K
    G R I N T A P O F
  E A N A D N O K M R
  Y M L A P E A D E A P
T I K D I A T S R I F C
F O L D I N G C H A I R
D A O G A S C O O K E R
```

BUG SPRAY	GAS COOKER	ROPE
CAMP SITE	LANTERN	STAKE
FIRST-AID KIT	PEG	TENT
FOLDING CHAIR	POTS AND PANS	TORCH

Puzzle 96: Clothing Conundrum

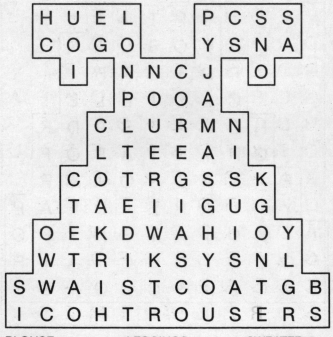

```
H U E L        P C S S
C O G O        Y S N A
  I   N N C J    O
      P O O A
    C L U R M N
    L T E E A I
    C O T R G S S K
    T A E I I G U G
  O E K D W A H I O Y
  W T R I K S Y S N L
S W A I S T C O A T G B
I C O H T R O U S E R S
```

BLOUSE	LEGGINGS	SWEATER
CARDIGAN	PYJAMAS	TROUSERS
CLOAK	SARONG	T-SHIRT
KIMONO	SKIRT	WAISTCOAT

Puzzle 97: All Amphibians

R	E	D	N	E	B	L	L	E	H	D	L
D	P	R	I	R	O	T	O	D	W	G	F
G	O	L	G	G	O	E	L	A	T	O	T
G	O	R	F	L	A	E	R	O	B	R	A
U	B	T	O	E	E	F	O	T	E	F	M
O	T	X	T	O	S	F	T	E	E	F	U
X	A	A	G	I	E	R	F	F	E	A	D
O	H	N	R	D	T	R	T	I	B	E	P
A	O	E	A	D	O	E	A	W	W	L	U
C	N	P	F	G	F	O	F	D	E	P	P
S	S	C	A	E	C	I	L	I	A	N	P
G	O	R	F	E	U	R	T	M	E	D	Y

ARBOREAL FROG   HELLBENDER   OLM
AXOLOTL   LEAF FROG   SPADEFOOT
CAECILIAN   MIDWIFE TOAD   TREE FROG
CONGO EEL   MUD PUPPY   TRUE FROG
DWARF SIREN   NEWT

Puzzle 98: Dogs, Dogs, Dogs

```
N D N U O H Y E R G M R
N P O I N T E R F O D H
A F G H A N H O U N D R
I B N L E U X N U N O E
T O R U O H T O U T B V
A X A M O A H O T S E E
M E P U I N H W A E R I
L R N N A D E L T I M R
A D D Z O I U U D L A T
D O I O L K P H C L N E
G B L E I N A P S O H R
I B R E Z U A N H C S I
```

AFGHAN HOUND
BLOODHOUND
BOXER
COLLIE
DALMATIAN
DOBERMAN

FOXHOUND
GREYHOUND
IBIZAN HOUND
MOUNTAIN DOG
POINTER
RETRIEVER

ROTTWEILER
SALUKI
SCHNAUZER
SPANIEL

Puzzle 99: Brass Instruments

```
N U U M G U N R U R G N
R R T R U M P E T R T R
H B O E E I T E R T O H
N R O H H C N E R F U T
O R R G L O L O N M G E
O G P F R E M O H R R E
T E T H O B G P E P O U
T E O T O P U U O N U C
T R R N N E H G L R P E
N U E H R N R O L F L M
N I M O U P E H M E G M
T R L O L H R G T R U H
```

BUGLE   FRENCH HORN
CORNET   TENOR HORN
EUPHONIUM   TROMBONE
FLUGELHORN   TRUMPET

Puzzle 100: Magic Tricks

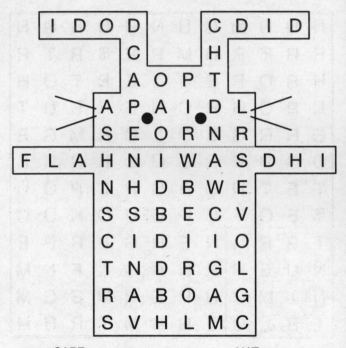

CAPE	HAT
CARDS	MAGIC WAND
COINS	RABBIT
DICE	SAW IN HALF
GLOVES	VANISH

Puzzle 101: In The Kitchen

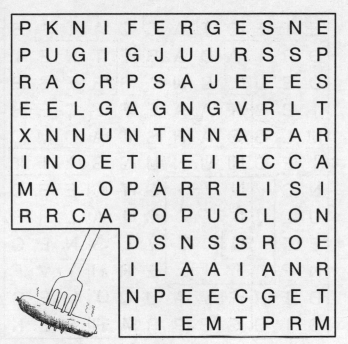

```
P  K  N  I  F  E  R  G  E  S  N  E
P  U  G  I  G  J  U  U  R  S  S  P
R  A  C  R  P  S  A  J  E  E  E  S
E  E  L  G  A  G  N  G  V  R  L  T
X  N  N  U  N  T  N  N  A  P  A  R
I  N  O  E  T  I  E  I  E  C  C  A
M  A  L  O  P  A  R  R  L  I  S  I
R  R  C  A  P  O  P  U  C  L  O  N
         D  S  N  S  S  R  O  E
         I  L  A  A  I  A  N  R
         N  P  E  E  C  G  E  T
         I  I  E  M  T  P  R  M
```

CAN OPENER	LADLE	SCALES
CLEAVER	MEASURING CUP	SPATULA
GARLIC PRESS	MEASURING JUG	STRAINER
GRATER	MIXER	TEASPOON
KNIFE	ROLLING PIN	

Puzzle 102: Playing Music

```
E T E O T A C C A T S B
D R I A D A B E T N E T
D E U L B N L S R E S E
I B B T A A E F F C E H
M L G D A R S C A C M C
I E O U U N U S S A I T
N C       G T C E B O
U L       C I A L R R
E E       Y L S N E C
N F       E R H Y V F
D I R E V A U Q I M E S
O I G G E P R A H S E K
```

ACCENT
ARPEGGIO
BASS CLEF
CODA
CRESCENDO
CROTCHET

DIMINUENDO
FLAT
KEY SIGNATURE
NATURAL
REST
SEMIBREVE

SEMIQUAVER
SHARP
STACCATO
TREBLE CLEF

Puzzle 103: In The Bathroom

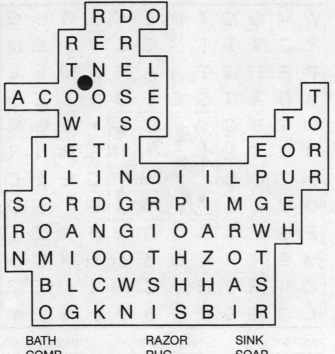

BATH	RAZOR	SINK
COMB	RUG	SOAP
CONDITIONER	SHAMPOO	TOILET
DRESSING GOWN	SHOWER	TOWEL RAIL

Puzzle 104: Olympic Cities

```
W M O N T R E A L O S O
Y C Y T I C O C I X E M
P R E W T N A H K M L L
S B A R C E L O N A E O
L S S C         I D G H
S U Y R         S R N K
L T O O         L E A C
O M L E         E T S O
E S M O S C O W H S O T
M E N R U O B L E M L S
C L M U N I C H L A I Y
L O N D O N S Y D N E Y
```

AMSTERDAM
ANTWERP
BARCELONA
HELSINKI
LONDON
LOS ANGELES

MELBOURNE
MEXICO CITY
MONTREAL
MOSCOW
MUNICH
ROME

SEOUL
ST LOUIS
STOCKHOLM
SYDNEY

Puzzle 105: Train Ride

```
R R O A R E T U R N K S
N O I T A L L E C N A C
O R G U A R D R I V E R
I N T E R C I T Y A P T
T S S A L C T S R I F A
A I S S E R P X E I F N
N N C C L I       O O
I G I K R D       R I
T L A T E L       E T
S E Y L T T       P A
E A A S T L O C A L U T
D Y S E A S O N P A S S
```

CANCELLATION	FIRST CLASS	SINGLE
DAY TRIP	GUARD	STATION
DELAY	INTERCITY	SUPER OFF-PEAK
DESTINATION	LOCAL	TICKET
DRIVER	RETURN	
EXPRESS	SEASON PASS	

Puzzle 106: Types Of Trees

```
S S L   H S   Y Y
E E U C A L Y P T U S
S Q K S I E C U R P S
H U H A L W A L N U T M
  O G P O S M R E D L E
H I P A N S O   M A T
F A F   G E R   P S
      A R E
      M P I
    C I Y D F
    N E C P L
C H E S T N U T M E G T
```

APPLE	ELDER	MAGNOLIA	SEQUOIA
ASH	EUCALYPTUS	OAK	SPRUCE
CHESTNUT	FIG	PALM	SYCAMORE
CYPRESS	FIR	PINE	WALNUT

Puzzle 107: Opposites

```
L  L  W  A  P  G  H  S  H  Y  G  L
E  L  O  P  O  N  E  A  H  D  R  E
D  R  L  O  S  H              Y  T
U  O  D  U  O  L              O  O
R  W  R  A  F  Y              U  I
O  D  Y  E  T  A              N  L
R  E  U  P  L  S  T  A  L  L  G  R
R  N  M  A  P  E  H  N  H  I  E  O
A  E  R  O  W  A  G  O  I  G  A  H
S  A  D  H  R  S  H  G  R  H  I  I
K  R  A  D  U  Q  U  I  E  T  T  H
L  D  B  N  N  D  L  G  R  R  L  D
```

BAD	EMPTY	HAPPY	LOUD
GOOD	FULL	SAD	YOUNG
DARK	FAR	HARD	QUIET
LIGHT	NEAR	SOFT	OLD
DRY	FAT	HIGH	SHORT
WET	THIN	LOW	TALL

Puzzle 108: Pantomime Characters

```
A F G E D B P D
S L L O T I L A
S R A O L I B M
N K E D W D H E
O S S T D D I W A E D C
W G R E S I A L W U U E
Q P U S S I N B O O T S
U B N D J U S K G C N Y
E N C S O U B Y C I K S
E D S A B A B I L A B S
N A P R E T E P U G J S
A L L E R E D N I C U A
```

ALADDIN	DAME	PUSS IN BOOTS
ALI BABA	GOLDILOCKS	SNOW QUEEN
BEAUTY	JACK	SNOW WHITE
BIG BAD WOLF	NURSE	UGLY SISTERS
CINDERELLA	PETER PAN	

Puzzle 109: Easter Time

```
T L L B       E C I E
C I O B       C T S E
R C B O I   B H S B K
D     B K   U O     B
S     B A   R C     G
S   E K J R C B O S
  M C F A M I L Y
S L I D O F F A D R
E K H T     D T D B
T G C B O N N E T A
  T G S U S E J A
  B A S K E T T L
```

BASKET   EGGS
BONNET   FAMILY
CHICKS   JESUS
CHOCOLATE   RABBIT
CROSS   SUNDAY
DAFFODILS   TOMB

Puzzle 110: Everything's Yellow

G	E	C	U	S	T	A	R	D	S	S	T
F	L	I	H	K	E	L	A	B	R	Y	E
A	U	A	T	C	E	F	U	E	E	G	N
O	T	B	E	M	F	T	W	E	G	B	C
T	O	G	O	O	T	O	N	Y	G	H	A
D	A	N	D	E	L	I	O	N	I	U	N
I	S	I	R	F	R	L	U	C	D	R	A
L	L	C	N	A	K	S	K	E	I	I	R
P	U	U	G	S	E	S	E	E	H	C	Y
P	S	R	A	H	R	Y	O	L	M	E	I
A	A	M	T	O	C	N	L	N	Y	R	N
M	F	M	U	S	T	A	R	D	T	R	R

BUTTERCUP   DAFFODIL   MARGARINE
CANARY   DANDELION   MUSTARD
CHEESE   DIGGERS   SUNFLOWERS
CHICKS   EGG YOLK   THE SUN
CUSTARD   LEMONS

Puzzle 111: On The Move

```
I S A G O N D O L A T A
B C A R A V A N E C N L
T O I L H H T N H E E N
C O A C H E A A L N I E
C T L T R L R C I A K B
A E O E P I Y S R I I C
R R R O O C U T B C O E
R I R T I O I R Y R M S
I E Y N M P O C
A E U I I T L I
G B L H O E O R
E K S M M R E L
```

AEROPLANE	CARRIAGE	HELICOPTER	SCOOTER
BICYCLE	CHARIOT	LIMOUSINE	SHIP
BOAT	COACH	LORRY	TRAIN
CARAVAN	GONDOLA	MOTORBIKE	UNICYCLE

Puzzle 112: Edible Berries

```
S L L B B E C R S S G B
Y E E L L B B B R T R L E
G R R R A R E R A U B A
L O R T C R A S E R Y C
D R O E K W P B O R R Y
E B R S B B E E R A R C
R Y C E E R R Y N R E S
Y R R R R B E B S B B S
L R R Y R A E D A B L R
Y Y B A Y R R R L L I R
R C Y E R R P A R E B Y
R B Y Y B E A E Y Y Y P
```

BILBERRY	CRANBERRY	RASPBERRY
BLACKBERRY	ELDERBERRY	STRAWBERRY
BLUEBERRY	GOOSEBERRY	

Puzzle 113: Types Of Shoe

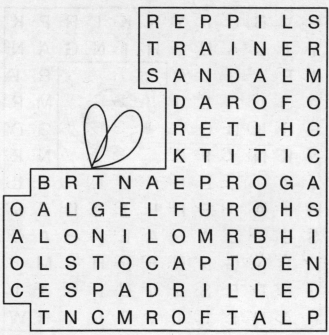

```
            R E P P I L S
            T R A I N E R
            S A N D A L M
            D A R O F O
            R E T L H C
            K T I T I C
  B R T N A E P R O G A
O A L G E L F U R O H S
A L O N I L O M R B H I
O L S T O C A P T O E N
C E S P A D R I L L E D
  T N C M R O F T A L P
```

BALLET	COURT	MOCCASIN	SLIPPER
BOOT	ESPADRILLE	PLATFORM	SNEAKER
CAP TOE	FLIP-FLOP	PUMP	STILETTO
CLOG	HIGH HEEL	SANDAL	TRAINER

 Time ....

Puzzle 114: Feeling Great

```
R V B U F Y N K I R P K
Y I L A U G H I N G A N
I P A G L P           R I
W O L N L J           M P
H O K U O R           G D
N K N Y F G           N E
I K O D B R N L L R I L
W U A F E H E I P D Z K
S G R L A R A E K H A C
P F N G N N F P H L M I
G N D R S D L U P C A T
P A N L L I V E L Y R W
```

AMAZING	LAUGHING
CHEERFUL	LIVELY
FULL OF BEANS	TICKLED PINK
HAPPY	WALKING ON AIR
JOYOUS	WONDERFUL

Puzzle 115: Orchestral Instruments

```
E N I I S P A N P E T I
A T N A O C R V R L O L
I N U N E T I D A L I L
V I O L I N R O H A O T
P T L O F O O U S O O A
S O F T S P T B M L T V
P L T F I S O L M P I A
P R O O I M A E E O E V
O E L S E E P B L C R T
M B T E N I R A L C T T
M S O C E N O S N N C R
N S P E R C U S S I O N
```

BASSOON	HARP	TROMBONE
CELLO	HORN	TRUMPET
CLARINET	OBOE	VIOLA
DOUBLE BASS	PERCUSSION	VIOLIN
FLUTE	TIMPANI	

Puzzle 116: Burger Toppings

```
N L N E K C I H C T
G G E D E I R F B G M V
I R E S O O P O E H K T
    U E I I T T E E
  A V O C A D O T R B
  T O K M R N C R K S
  L O A E H N O I
  E T T P U P T O N I
  S A P T N R T Y
  U L H S I L E R F A
M A S R M O O R H S U M
J S S L T E C U T T E L
```

AVOCADO	FRIED EGG	LETTUCE	MUSTARD
BEEF	GHERKIN	MAYONNAISE	PICKLE
BEETROOT	JALAPENO	MINT	RELISH
CHICKEN	KETCHUP	MUSHROOM	TOMATO

Level Four:
Ace Puzzlers

Puzzle 117: Board Games In The Box

I	B	S	N	B	R	M	O	U	T	O	M	C	A
A	T	O	U	T	A	E	L	E	T	S	J	O	L
E	R	A	F	H	E	C	V	U	A	O	C	N	S
B	P	G	J	I	E	N	K	E	D	M	O	N	S
Y	C	O	D	A	E	M	C	G	R	O	D	E	M
B	N	T	N	B					A	S	N	C	T
G	H	M	C	M		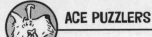		U	M	I	T	S
C	S	I	O	P				G	G	M	F	B
R	K	V	N	N				H	O	R	O	O
C	E	O	C	H	O	S	E	B	T	H	E	U	N
C	T	C	M	H	A	P	S	M	S	A	T	R	M
O	G	S	E	U	E	E	O	D	L	E	S	C	D
O	N	H	P	I	H	S	E	L	T	T	A	B	G
E	A	V	R	R	C	M	S	T	Y	M	M	N	G

BACKGAMMON   DRAUGHTS   MONOPOLY
BATTLESHIP   LUDO   REVERSI
CHESS   MAH-JONG
CONNECT FOUR   MASTERMIND

Puzzle 118: Capital Cities

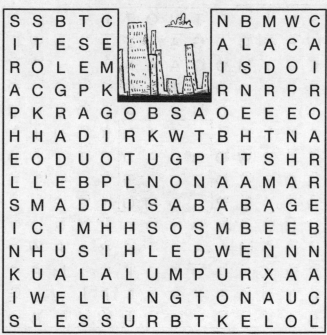

```
S  S  B  T  C        N  B  M  W  C
I  T  E  S  E        A  L  A  C  A
R  O  L  E  M        I  S  D  O  I
A  C  G  P  K        R  N  R  P  R
P  K  R  A  G  O  B  S  A  O  E  E  E  O
H  H  A  D  I  R  K  W  T  B  H  T  N  A
E  O  D  U  O  T  U  G  P  I  T  S  H  R
L  L  E  B  P  L  N  O  N  A  A  M  A  R
S  M  A  D  D  I  S  A  B  A  B  A  G  E
I  C  I  M  H  H  S  O  S  M  B  E  E  B
N  H  U  S  I  H  L  E  D  W  E  N  N  N
K  U  A  L  A  L  U  M  P  U  R  X  A  A
I  W  E  L  L  I  N  G  T  O  N  A  U  C
S  L  E  S  S  U  R  B  T  K  E  L  O  L
```

ADDIS ABABA	BRUSSELS	KUALA LUMPUR	PARIS
AMSTERDAM	BUDAPEST	LIMA	SANTIAGO
ATHENS	CAIRO	LUXEMBOURG	STOCKHOLM
BANGKOK	CANBERRA	NAIROBI	WARSAW
BELGRADE	COPENHAGEN	NEW DELHI	WASHINGTON DC
BERNE	HELSINKI	OSLO	WELLINGTON

Puzzle 119: Didn't Do My Homework

```
S  N  I  A  R  T  N  O  T  F  E  L  K  T
W  R  E  D  O  G  A  T  E  I  T  N  W  I
E  E  I  M  D  O  A  A  N  I  I  I  O  K
R  P  Y  O  O  N  T  N  O  S  K  O  D  O
I  A  H  T  D  H  E  D  N  O  O  L  N  O
F  P  S  P  I  L  T  I  N  K  O  N  I  T
T  F  R  W  O  N  D  A  D  S  T  T  W  D
H  O  B  T  D  E  D  S  T  T  R  E  T  N
G  T  S  L  P  A  O  M  O  I  E  E  U  E
U  U  U  P  E  D  Y  O  L  K  T  S  O  I
A  O  O  N  N  B  B  I  R  B  S  F  W  R
C  R  A  N  O  U  T  O  F  T  I  M  E  F
D  I  O  O  S  F  P  T  T  F  S  W  L  L
B  I  K  Y  T  Y  A  W  A  W  E  L  B  D
```

BLEW AWAY
BLEW OUT WINDOW
CAUGHT FIRE
COULDN'T DO IT
DOG ATE IT
DROPPED IN SINK

FRIEND TOOK IT
LEFT IT AT HOME
LEFT ON TRAIN
LOST MY BOOK
OUT OF PAPER
RAN OUT OF TIME

SISTER TOOK IT
SPILT INK ON IT
STOLEN
TOO BUSY

Puzzle 120: Breeds Of Cat

```
Y E S N L E T S Y E S C A B
B Y B Y A T S E M M I R Y B
T O R T O I S E S H E L L K
B N R M I T N I M B I A B M
E E T A N N A I S R E P N G
E S O I S M I B S T U X N B
Y P Y A E L R A B S N B P S
N Y G S S N E S I Y Y B N H
Y E E T T E B T H L E B C R
B X R M E O I P E E L B A I
S O T A M O S E B A H G Y E
E B S B A O A O C E B A I C
X N A M I O N K N A M A O A
K Y B I N U C M M O I R L T
```

ABYSSINIAN   SIAMESE
BLACK   SIBERIAN
BOMBAY   SPHYNX
BURMESE   TABBY
MANX   TORTOISESHELL
PERSIAN   TOYGER

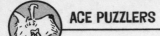

  Time ....

Puzzle 121: Where Are You From?

```
G P N E A
A W H A S H S I K R U T
N R E S C E S E T L A M
A N N L I I N I J A I A
I G A U S T R A L I A N
T G R I T H T E P G C E
P M A E D S P O M A N Y
Y E F R E N C H C A J E
G       K I I S S R R
E
N
H
```

AMERICAN	ENGLISH	INDIAN	SCOTTISH
AUSTRALIAN	FRENCH	JAPANESE	TURKISH
EGYPTIAN	GREEK	MALTESE	WELSH

Puzzle 122: Putting On A Hat

```
L T T E R E B O
E L C L O D R B
T D A B Z E F R
A E T B R E A E
R K E B E R V C
I C M A O S I O
P O A D D T A W
S C E R R A T B
F F A I L L O O
E Z L P R K R Y
C O I B O W L E R R W R
R W Y T I T U R B A N T
```

AVIATOR	CAP	FEDORA	TOP
BASEBALL	COCKED	FEZ	TRILBY
BERET	COWBOY	PIRATE	TURBAN
BOWLER	DEERSTALKER	SOMBRERO	WIZARD'S

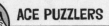

Puzzle 123: Extinct Animals

```
M N M R W E R H S E L U T S
E E U S M A U J M C O R T N
N Q X T I R E P A K R E G T
I K I I Y R E S C G L D E A
C R N E C R E U B L G G A A
A I C E O A B G E R U A A T
L E P R M E N R I E Z Z U Y
Y L R I U Y S G X T L E A Q
H A N L E S S E R B I L B Y
T K B W E A N J L I U L H E
C U B A N C O N E Y Z E A G
Q C C M Y C V E A O G Z L B
P O R E G I T N A V A J L I
W L E N A P R A T T N R U Y
```

BALI TIGER	LESSER BILBY	STELLER'S SEA COW
BLUE BUCK	MEXICAN GRIZZLY	TARPAN
CUBAN CONEY	QUAGGA	THYLACINE
EMPEROR RAT	RED GAZELLE	TULE SHREW
JAVAN TIGER	SEA MINK	

Puzzle 124: Fairy-Tale Characters

```
T E S P F N H L F
D L K B A P U L R
O O C Y I L I E M
S S O O R G L N Z
N R L H Y E B E O
O A I A G R T A R C H H I C
W E D N O N A S D E C P L E
W B L S D N I P I W D H A O
H E O E M T I D U S O N I K
I E G L O E I B I N P L I O
T R L E T E R G S R Z E F C
E H H K H N W I I C D E T E
Y T U A E B G N I P E E L S
G N I M R A H C E C N I R P
```

BIG BAD WOLF HANSEL SLEEPING BEAUTY
CINDERELLA PINOCCHIO SNOW WHITE
FAIRY GODMOTHER PRINCE CHARMING STEP SISTER
GOLDILOCKS RAPUNZEL THREE BEARS
GRETEL RED RIDING HOOD

Puzzle 125: Countries Around The World

```
A I S Y A L A M A
A N N W S Y R I A
S D A A I E R A A
B O M R T T Z Y U
E N A U S S Z N G
R E D U A J H E A N I H C A
O S A F A N I K R U B G K I
P I G P H S E D A L G N A B
A A A N A H G N C Z A Z M M
G N S T S W A Z I L A N D O
N I C E L A N D N A I K D L
I R A T L A R B I G R J A O
S G R U O B M E X U L K I C
I O M O Z A M B I Q U E U F
```

AUSTRIA	GHANA	KENYA	NICARAGUA
BANGLADESH	GIBRALTAR	LUXEMBOURG	SINGAPORE
BURKINA FASO	ICELAND	MADAGASCAR	SWAZILAND
CHINA	INDONESIA	MALAYSIA	SWITZERLAND
COLOMBIA	JAPAN	MALTA	SYRIA
FIJI	KAZAKHSTAN	MOZAMBIQUE	UKRAINE

Puzzle 126: Nursery Rhymes

```
Y A W A O G N I A R N I A R
A B L E M T A R P S K C A J
C B A S I J D C L B I M E A
L L E B G N O D G N I D E P
T H R E E B L I N D M I C E
H U M P T Y D U M P T Y J U
L I T T L E B O B E E P L B
S B O J A C K A N D J I L L
E E L O C G N I K D L O A H
N S N U B S S O R C T O H T
E I G R O P E I G R O E G I
D O C T O R F O S T E R M S
I S I M P L E S I M O N T I
E L K N I W T E L K N I W T
```

DING DONG BELL	JACK AND JILL	ROCK-A-BYE BABY
DOCTOR FOSTER	JACK SPRAT	SIMPLE SIMON
GEORGIE PORGIE	LITTLE BO-BEEP	THREE BLIND MICE
HOT CROSS BUNS	OLD KING COLE	TWINKLE TWINKLE
HUMPTY DUMPTY	RAIN RAIN GO AWAY	

Puzzle 127: Fruit Salad

```
        H       R R W
  A P   E E   S R A I
Y R R E B W A R T S C W
E N I R A T C E N H R O
M A E L D E R B E R R Y
I P N R L M A R B A S B
L P O M E G R A N A T E
E L C L M Y N G T P E P
M E O P O A E S E H E
  N S E N T U A C A
  E A A M R Y C
    D A   L H
```

APPLE	LIME	POMEGRANATE
BANANA	LYCHEE	SATSUMA
CHERRY	NECTARINE	STRAWBERRY
DATE	ORANGE	WATERMELON
ELDERBERRY	PEACH	
LEMON	PEAR	

Puzzle 128: Big Teeth

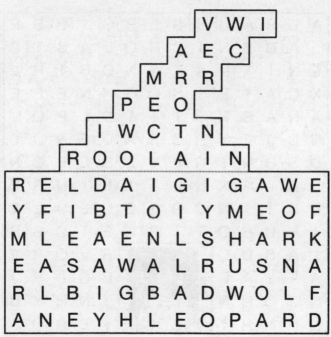

```
            V W I
            A E C
          M R R
        P E O
      I W C T N
    R O O L A I N
R E L D A I G I G A W E
Y F I B T O I Y M E O F
M L E A E N L S H A R K
E A S A W A L R U S N A
R L B I G B A D W O L F
A N E Y H L E O P A R D
```

ALLIGATOR   CAIMAN   LION   WALRUS
ALSATIAN   CROCODILE   SHARK   WEREWOLF
BEAR   HYENA   TIGER
BIG BAD WOLF   LEOPARD   VAMPIRE

Puzzle 129: Popes

```
A L P A U L S E R G I U S E
L A D E N I C H O L A S T C
E N I T N A T S N O C T H L
X C A I E I S C G H N E E E
A N A B R U T T I D L P O M
N D J F Y R C S A D E H D E
D S U N I R E V E S E E O N
E R L A N N O T I L I N R T
R U I I N C O G S C E U E E
I N U R O T I B E E T C S B
L A S D C           R V O R V
A T Y A E           B G L R J
N J O H N           T N H Y U
N H N R T           V B R O S
```

ALEXANDER   CONSTANTINE   NICHOLAS   THEODORE
ANASTASIUS   GREGORY   PAUL   URBAN
BENEDICT   HADRIAN   SERGIUS   VICTOR
BONIFACE   INNOCENT   SEVERINUS
CELESTINE   JOHN   STEPHEN
CLEMENT   JULIUS   SYLVESTER

Puzzle 130: Types Of Potato

```
F  I  A  N  N  A  O  S  P  R  E  Y  P  I
F  N  M  A  R  I  S  B  A  R  D  N  I  C
R  R  E  D  N  O  W  N  E  D  L  O  G  H
O  E  D  L  U  F  O  P  R  T  O  M  O  A
C  E  T  R  P  K  I  S  N  Y  N  R  R  R
K  P  D  L  A  P  E  A  T  A  C  A  A  L
E  S  S  R  S  W  A  O  N  E  D  H  S  O
T  I  E  I  O  O  D  R  F  O  R  I  C  T
M  R  R  S  N  O  E  E  I  Y  F  M  N  T
Y  A  C  A  R  L  I  N  G  F  O  R  D  E
M  M  M  D  A  L  O  C  I  N  K  R  A  N
O  O  N  P  K  E  R  R  S  P  I  N  K  M
R  U  E  I  E  D  R  O  C  C  A  K  I  R
D  E  S  I  R  E  E  R  E  I  M  E  R  P
```

ACCORD
CARLINGFORD
CHARLOTTE
DESIREE
DUKE OF YORK
DUNDROD

FIANNA
GOLDEN WONDER
HARMONY
KERR'S PINK
KING EDWARD
MARFONA

MARIS BARD
MARIS PEER
MARIS PIPER
NADINE
NICOLA
OSPREY

PINK FIR APPLE
PREMIERE
ROCKET
ROMANO
ROOSTER
SANTE

Puzzle 131: US Presidents

```
N S G G H W I L S O N N D G
I M W A S H I N G T O N R A
X A Y N U T L E V E S O O R
O D D A B N A G A E R S F F
N A E T           E K M I
A B N C           F C A E
M U N O           F A D L
U C E O           E J I D
R H K L           J N S E
T A F I           C S O D
T N A D N O S N H O J R N G
N A L G E L A C L I N T O N
G N N E I S E N H O W E R A
E R E T R A C Y M G R A N T
```

ADAMS	EISENHOWER	JOHNSON	NIXON
BUCHANAN	FORD	KENNEDY	REAGAN
BUSH	GARFIELD	LINCOLN	ROOSEVELT
CARTER	GRANT	MADISON	TRUMAN
CLINTON	JACKSON	MCKINLEY	WASHINGTON
COOLIDGE	JEFFERSON	MONROE	WILSON

Puzzle 132: Aesop's Fables

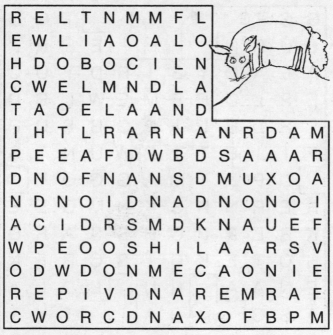

```
R E L T N M M F L
E W L I A O A L O
H D O B O C I L N
C W E L M N D L A
T A O E L A A N D
I H T L R A R N A N R D A M
P E E A F D W B D S A A A R
D N O F N A N S D M U X O A
A D N O I D N A D N O N O I
A C I D R S M D K N A U E F
W P E O O S H I L A A R S V
O D W D O N M E C A O N I E
R E P I V D N A R E M R A F
C W O R C D N A X O F B P M
```

CAT AND MICE
CROW AND PITCHER
FARMER AND VIPER
FIR AND BRAMBLE

FOX AND CROW
FOX AND LION
LION AND MOUSE
MAN AND SWALLOW

OAK AND REED
THE FISHER
VENUS AND CAT
WOLF AND LAMB

Puzzle 133: Creepy-Crawlies

```
G G T         T G S
L U R N     E E R P
A L A D Y B I R D Y U C
E S L D E E M E W L B R
L P L B L I P O B F U H
F I I E T I R W U N T S
  D P E T M A G G O T
R E R N H S K N M G E E
K R E P P O H S S A R G
S C T E K C I R C R F N
E N A A   N U   E D L A
A S C     G A     T Y T
```

ANT	CRICKET	LADYBIRD	SPIDER
BEE	DRAGONFLY	MAGGOT	TERMITE
BUG	FLEA	MOTH	WASP
BUTTERFLY	GNAT	SLUG	WORM
CATERPILLAR	GRASSHOPPER	SNAIL	
CENTIPEDE	GRUB		

Puzzle 134: Pizza Toppings

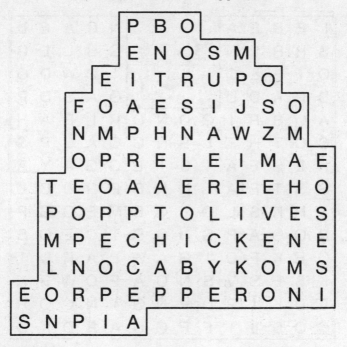

```
        P B O
        E N O S M
      E I T R U P O
    F O A E S I J S O
    N M P H N A W Z M
    O P R E L E I M A E
  T E O A A E R E E H O
  P O P P T O L I V E S
  M P E C H I C K E N E
  L N O C A B Y K O M S
E O R P E P P E R O N I
S N P I A
```

BEEF	MUSHROOM	PINEAPPLE
CHICKEN	OLIVES	SMOKY BACON
CHORIZO	ONION	SWEETCORN
HAM	PEPPERONI	TOMATO
JALAPENOS	PEPPERS	

Puzzle 135: Learning To Swim

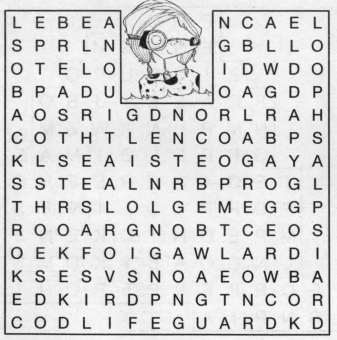

```
L E B E A       N C A E L
S P R L N       G B L L O
O T E L O       I D W D O
B P A D U       O A G D P
A O S R I G D N O R L R A H
C O T H T L E N C O A B P S
K L S E A I S T E O G A Y A
S S T E A L N R B P R O G L
T H R S L O L G E M E G G P
R O O A R G N O B T C E O S
O E K F O I G A W L A R D I
K S E S V S N O A E O W B A
E D K I R D P N G T N C O R
C O D L I F E G U A R D K D
```

ARMBAND
BACKSTROKE
BREASTSTROKE
DEEP END
DIVING BOARD
DOGGY PADDLE

FRONT CRAWL
GOGGLES
LANE
LIFEGUARD
NOODLE
POOL SHOES

SHALLOW END
SPLASH POOL
STARTING BLOCK
WATER SLIDE

Puzzle 136: Gone To The Beach

```
I E N B L S W E D G B S E N
S V S R L K A R N E E N M A
E M E E G N A I A S O A L S
A R V E E U R C S I E L S E
S U A Z G R H A T R E W L L
H C W E E T L O C R I T L B
E I F B O G L E B M S A I B
L I B W N N C M S A B B N E
L U E U A I U U C H A R M P
R L S T A H I D C
Z E N C S T N A L
M U E M W A E S Z
S L U E S B A O E
G N I M M I W S B
```

BATHING TRUNKS
BEACH BALL
BEACH TOWEL
BREEZE
ICE CREAM
LIFEGUARD

PEBBLE
RUBBER RING
SAND CASTLE
SEASHELL
SUNGLASSES
SUNTAN LOTION

SWIMMING
SWIMSUIT
UMBRELLA
WAVES

Puzzle 137: Vehicle Pile Up

```
      A  B  T  S  R  E  E  R  T
      I  O  U  O  K  M  R  I  R
      S  B  T  I  E  E  P  E  B
      I  C  B  D  Z  P  L  A  M
L  N  N  A  R  N  O  E  L  C  I  A
T  I  R  O  A  D  R  O  L  L  E  R
M  T  T  T  L  T  R  E  K  N  A  T
C  O  A  L  R  M  T  E  K  C  O  R
M  X  U  U  A  B  I  C  Y  C  L  E
I  B  C  E  L  C  Y  C  I  N  U  E
   K  T                    A  R
   S  T                    V  O
```

BICYCLE	MOTORBIKE	TANDEM	TRACTOR
BULLDOZER	ROAD-ROLLER	TANKER	TRAM
CAB	ROCKET	TAXI	UNICYCLE
MINIBUS	STEAMROLLER	TIPPER TRUCK	VAN

Puzzle 138: Read All About It

```
E V I F S U O M A F
P E A P E T E R P A N
  W I Z A R D O F O Z
  T O N O S O E A T D
    T T R R A E
    N R T A O R
  T A H E H T N I T A C
  S N I P P O P Y R A M
  R E T T O P Y R R A H
    W P P A H E I D I
H Z J U N G L E B O O K
R P E T E R R A B B I T
```

CAT IN THE HAT   JUNGLE BOOK   PETER RABBIT
FAMOUS FIVE   MARY POPPINS   WIZARD OF OZ
HARRY POTTER   NARNIA
HEIDI   PETER PAN

Puzzle 139: Milky Madness

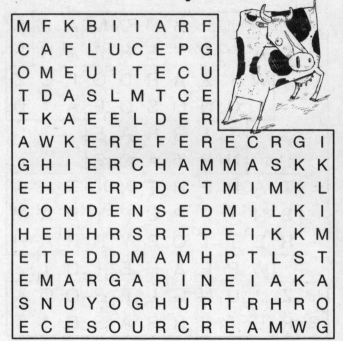

```
M F K B I I A R F
C A F L U C E P G
O M E U I T E C U
T D A S L M T C E
T K A E E L D E R
A W K E R E F E R E C R G I
G H I E R C H A M M A S K K
E H H E R P D C T M I M K L
C O N D E N S E D M I L K I
H E H H R S R T P E I K K M
E T E D D M A M H P T L S T
E M A R G A R I N E I A K A
S N U Y O G H U R T R H R O
E C E S O U R C R E A M W G
```

BUTTERMILK	GOAT MILK	SOUR CREAM
CONDENSED MILK	GRATED CHEESE	SPREAD
COTTAGE CHEESE	ICE CREAM	WHIPPED CREAM
CURDS	MARGARINE	YOGHURT
FULL-FAT MILK	SKIMMED MILK	

Puzzle 140: Dinosaurs Crazy

```
S  P  I  N  O  S  A  U  R  U  S  S  S  C
R  L  A  C  D  M  G  X  H  O  U  T  E  G
Y  Y  O  O  I  I  E  Y  C  B  R  E  I  V
T  T  R  R  L  C  S  R  E  R  U  G  H  E
R  C  N  Y  O  R  U  E  R  O  A  O  E  L
I  A  I  T  P  O  R  T  A  N  S  S  S  O
C  D  T  H  H  C  U  P  T  T  O  A  P  C
E  O  H  O  O  E  A  O  O  O  I  U  E  I
R  R  O  S  S  R  S  E  S  S  H  R  R  R
A  E  M  A  A  A  O  A  A  A  C  U  O  A
T  T  I  U  U  T  N  H  U  U  A  S  R  P
O  P  M  R  R  O  G  C  R  R  R  P  N  T
P  O  U  U  U  P  E  R  U  U  B  U  I  O
S  S  S  S  S  S  S  A  S  S  S  M  S  R
```

ARCHAEOPTERYX   GIGANTOSAURUS   SPINOSAURUS
BRACHIOSAURUS   HESPERORNIS   STEGOSAURUS
BRONTOSAURUS   MICROCERATOPS   TRICERATOPS
CERATOSAURUS   ORNITHOMIMUS   VELOCIRAPTOR
CORYTHOSAURUS   PTERODACTYL
DILOPHOSAURUS   SEGNOSAURUS

Puzzle 141: Postal Service

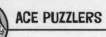

```
                O   S
            R   S   C   N
        A   E   S   E   A   R
    A   R   T   X   R   O   R   D
O   D   A   T   L   Y   O   T   E   N
N   D   M   D   E   A   F   A   R   D   C   O
A   P   A   C   L   D   S   N   A       T   D
M   Y   R   M   E   D   O   C   T   S   O   P
E   A   A   N   G   A   R   R   T   L   A   M
P   I   G   D   R   N   A   M   T   S   O   P
L   I   S   S   A   L   C   T   S   R   I   F
S   S   S   A   L   C   D   N   O   C   E   S
```

ADDRESS	NEXT DAY	ROYAL MAIL
FIRST CLASS	PARCEL	SECOND CLASS
LARGE LETTER	POSTCODE	SIGNED FOR
NAME	POSTMAN	STAMP

Puzzle 142: Greetings Cards

```
        A C E S L R E J R
    Y Y M E R O W N S U A N
    G A B O R A E U S E O Y
    W D O R T W O T Y O A T
    I S Y L J H B W S D H N
    T T E O W E E L S A H E
    H N B E C N L R N P D W
    L I N A Y E E K S G I B
    O A U P W H Y S V D W A
    V S P T T O D E U E A B
    E A E A U A W B A S L Y
    H G F B A P T I S M I
```

BAPTISM   JUST BECAUSE   SAINT'S DAY
DIWALI   MOTHERS' DAY   SORRY
FATHERS' DAY   NEW BABY   THANK YOU
GET WELL SOON   NEW HOUSE   WITH LOVE
HAPPY NEW YEAR   NEW JOB

Puzzle 143: Famous Football Players

```
P E K E V I N K E E G A N D
M I C H A E L O W E N E E S
A Y R N E H Y R R E I H T J
K A N O D A R A M O G E I D
G E O R G E B E S T V M E N
R D R G O Y Y R L E M E R R
E N A E K Y O R N Y E B J P
B R Y A N G I G G S M A E A
S T N I I M E R O N A L D O
I L K E K R E O O S E E M E
N O T L R A H C Y B B O B H
N N D A V I D B E C K H A M
E T R E L W O F E I B B O R
D D S G L E N N H O D D L E
```

BOBBY CHARLTON   JIMMY GREAVES   ROY KEANE
DAVID BECKHAM   KEVIN KEEGAN   RYAN GIGGS
DENNIS BERGKAMP   MICHAEL OWEN   STEVEN GERRARD
DIEGO MARADONA   PELÉ   THIERRY HENRY
GEORGE BEST   ROBBIE FOWLER
GLENN HODDLE   RONALDO

Puzzle 144: Geography Lesson

```
J I N A W N N R E V A C P S
T N A A O E O T J P U A C E
N F V T D L D Y U N P D L S
D F E O A L U S N I N E P A
O I C N E T I M G A L A T S
Y L N V M T T N L L C E A S
I C H J L T I S E P E V A F
T U N D R A S T A C A G R V
D V E E T A L D C N L R A L
W A S N R D G O N A C L O V
E E U G U O D A C A L Y L L
D O I A R C H I P E L A G O
M S T G V R E S Y E G S T E
O N E F O R E S T A C I I S
```

ARCHIPELAGO	GEYSER	MEADOW	STALAGMITE
CANYON	GLACIER	MOUNTAIN	STEPPE
CAVERN	GORGE	PENINSULA	TUNDRA
CLIFF	GRASSLAND	PLAIN	VALLEY
DESERT	ISLAND	SAVANNAH	VELDT
FOREST	JUNGLE	STALACTITE	VOLCANO

Puzzle 145: Home Entertainment

```
O T D E S        L N R V D
G N V U C        A R B N P
N R D X A        B L U L S
I O P P B        U O A I P
T T L U L O U S R S S A S A
H C A D E A X A D M L D L A
G E Y B S N Y N A S N O R A
I J E D C C U S R A N Y A L
L O R T N O C E T O M E R S
D R P E R R V S S A C S T B
O P S R E K A E P S T P O E
O P U E T E L E V I S I O N
M S N E M S R P C U S D O P
R B S R N O S A K A E R N N
```

BLU-RAY	PLAYSTATION	STANDS
CABLES	POPCORN	SURROUND SOUND
DVD PLAYER	PROJECTOR	TELEVISION
MOOD LIGHTING	REMOTE CONTROL	XBOX
PLASMA SCREEN	SPEAKERS	

Puzzle 146: London Tourist Attractions

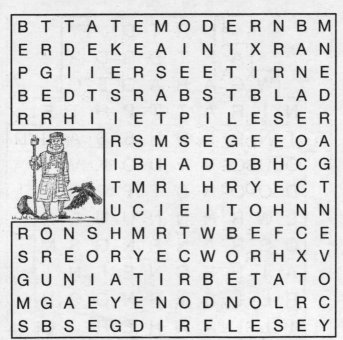

```
B T T A T E M O D E R N B M
E R D E K E A I N I X R A N
P G I I E R S E E T I R N E
B E D T S R A B S T B L A D
R R H I I E T P I L E S E R
      R S M S E G E E O A
      I B H A D D B H C G
      T M R L H R Y E C T
      U C I E I T O H N N
R O N S H M R T W B E F C E
S R E O R Y E C W O R H X V
G U N I A T I R B E T A T O
M G A E Y E N O D N O L R C
S B S E G D I R F L E S E Y
```

BIG BEN
BRITISH LIBRARY
BRITISH MUSEUM
CHELSEA
COVENT GARDEN

HYDE PARK
LONDON EYE
MARBLE ARCH
OXFORD STREET
SELFRIDGES

TATE BRITAIN
TATE MODERN
THE THAMES
TOWER BRIDGE

Puzzle 147: What's Outside?

```
        H R T D     Y
      A F T D G D R
    W G A R A G E O
  N I R A T T P H T E
F I N D E R H S S A G D
  O D O Y T D O K V Y
  D O O R S T E P R E
  L W R N N N U N E N
  O S B A N R N G S M
  A I E E C N E F N I
  R L L E I R N C O H
  I L L A W H E R C C
```

CHIMNEY	FENCE	GUTTER	ROOF
CONSERVATORY	GARAGE	KENNEL	SHED
DOORBELL	GARDEN	LEAN-TO	WALL
DOORSTEP	GATE	PATH	WINDOWSILL

Puzzle 148: Gifts Galore

```
F E S       E T E
W     G   F     V
  O T N N R S S
    E A I E
C S C E C D V R E A B V
O T L S K O D C R O U O
S E O L L E E Y O A F U
W K T G A C E K B E E C
E C H O C O L A T E S H
E I E P E R F U M E A E
T T S R E W O L F A O R
S M A K E U P U E G O E
```

BOOK   FLOWERS   PERFUME   TICKETS
CHOCOLATES   GLOVES   SCARF   VOUCHER
CLOTHES   MAKE UP   SWEETS
EARRINGS   NECKLACE   TEDDY BEAR

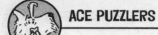
Puzzle 149: Creatures That Migrate

```
E E E F L I C K E R S A T A
L N G R E E N W A R B L E R
G R O S B E A K E C N T L C
T R L T L G M G A A S O A T
S E D U S T A R W A S N H I
E T F L D N I S N R A K W C
E A I L A B R D N D L D K T
B W N T O E P U A O M E C E
E R C U P I N G T I O R A R
D A H O P N E O C Y N L B N
L E O E B E B R R K D H P I
I H R U S T N I L N U D M B
W S R E H C T A C Y L F U O
E S D R I B G N I M M U H R
```

ARCTIC TERN
CANADA GEESE
CARIBOU
DUNLIN
FLICKERS
FLYCATCHERS
GOLDFINCH

GREEN WARBLER
GROSBEAK
HUMMINGBIRDS
HUMPBACK WHALE
LOONS
RED KNOT
ROBIN

RUDDY TURNSTONE
SALMON
SANDPIPERS
SHEARWATER
TANAGERS
WHOOPER SWAN
WILDEBEEST

Puzzle 150: Shades Of Red

```
T  B  U  R  G  U  N  D  Y  C  R  V  G  L
L  U  U  O  H  C  O  U  A  A  E  A  M  I
D  S  N  Q  U  O  M  U  S  R  R  A  E  T
T  Y  A  T  W  Q  B  P  M  N  G  M  O  U
D  L  B  E  S  U  B  I  E  E  A  V  A  L
C  M  S  U  R  E  L  T  N  L
A  O  A  N  R  L  H  T  F  I
R  C  U  R  I  I  A  C  C  A
D  A  Y  O  O  C  T  L  U  N
I  R  N  A  N  O  M  M  I  S  R  E  P  R
N  M  T  L  H  T  N  A  R  A  M  A  I  P
A  I  R  G  N  A  S  I  N  O  P  I  A  H
L  N  O  S  M  I  R  C  E  R  I  S  E  P
T  E  L  R  A  C  S  U  R  B  I  O  E  O
```

AMARANTH	CERISE	LAVA	RUBY
AUBURN	CHESTNUT	MAGENTA	RUST
BURGUNDY	COQUELICOT	MAROON	SANGRIA
CARDINAL	CRIMSON	PERSIMMON	SCARLET
CARMINE	FLAME	RASPBERRY	SINOPIA
CARNELIAN	GARNET	ROSEWOOD	VERMILLION

Puzzle 151: Going To The Doctor

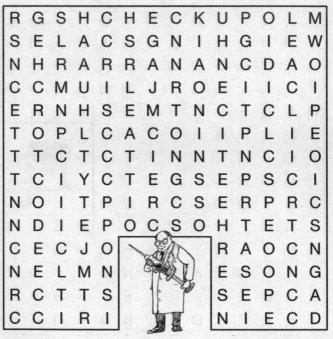

```
R G S H C H E C K U P O L M
S E L A C S G N I H G I E W
N H R A R R A N A N C D A O
C C M U I L J R O E I I C I
E R N H S E M T N C T C L P
T O P L C A C O I I P L I E
T T C T C T I N N T N C I O
T C I Y C T E G S E P S C I
N O I T P I R C S E R P R C
N D I E P O C S O H T E T S
C E C J O           R A O C N
N E L M N           E S O N G
R C T T S           S E P C A
C C I R I           N I E C D
```

CHECK-UP   NOTES   STETHOSCOPE
DOCTOR   NURSE   TORCH
ILLNESS   PHARMACY   WAITING ROOM
INJECTION   PRESCRIPTION   WEIGHING SCALES
MEDICINE   RECEPTION

Puzzle 152: Stir-Fried Food

```
E W A T E R C H E S T N U T
E G S U S S W E E T C O R N
S M O O R H S U M G N I T N
E U Y T B E L P P A E N I P
N N S E         K O U E
E G A G         C G S P
R M U N         I N T P
N R C A         H I O E
R P E M         C R R R
R B R G         K P R S
N B E A N S P R O U T S A E
S O E E W I P G R P K O C E
T T E S F N G S E L D O O N
I B S N I P S K E E E O H O
```

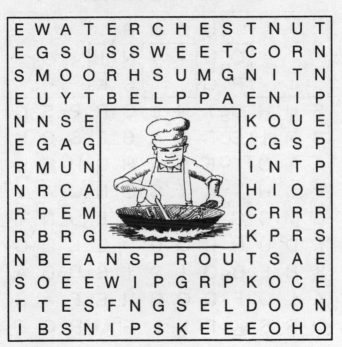

BEAN SPROUTS
BEEF
CARROTS
CHICKEN
GINGER
MANGETOUT

MUSHROOMS
NOODLES
PEPPERS
PINEAPPLE
PORK
PRAWNS

SOY SAUCE
SPRING ONION
SWEETCORN
WATER CHESTNUT

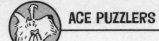

Puzzle 153: Bags Of Bags

```
        U O U R
    O   N     N I
    R   G     S K
S U H C T U L C R P S C
B R I E F C A S E S C S
A T O T E S A H G H H U
P S H T K T S O N O A I
U M C C I K P E U N T
E D U H B O U P S L D C
K R E B O I D I S D B A
A L U F G O C N E E A S
M R S K E K L G M R G E
```

BRIEFCASE	HANDBAG	RUCKSACK	SHOULDER
BUM	MAKEUP	SATCHEL	SICK
CLUTCH	MESSENGER	SCHOOL	SUITCASE
DOCTOR'S	RUBBISH	SHOPPING	TOTE

Puzzle 154: Tools Of The Trade

```
C       S  L  I  E          R  S  P
  C  H   L  E              U  I  L
L        E  H              L  W  I
         D  T              E  S  E
         G  A              R  P  R
E  W  E  L  D  I  N  G  M  A  S  K
P  R  H  A  H  L  P  A  B  N  R  M
A  E  A  P  E  L  L  W  E  N  E  A
G  N  M  U  A  C  O  I  E  E  C  L
M  C  M  N  Q  R  I  E  R  R  N  L
L  H  E  D  C  S  L  V  B  D  I  E
H  C  R  O  T  W  O  L  B  N  P  T
```

BLOWTORCH	LATHE	PLIERS	SQUARE
CLAMP	MALLET	RULER	VICE
CROWBAR	PINCERS	SLEDGEHAMMER	WELDING MASK
DRILL	PLANE	SPANNER	WRENCH

Puzzle 155: Things You Lose

```
M P R S M E R E T E M P E R
M E S S S E R E Y S F H N C
T N P E L D A E H R U O Y H
R I H B T E N U I N E N U L
L O R T N O C E T O M E R N
E H O E M F N U O T C N R R
R E S C E D O Q P N O U N U
E D H E S O R N E S E M N T
E S P N L H K I U F K B U N
E M C S F B T E N R R E T E
L E M E H A R C Y N R R S A
H E O N P E U A N S T A A C
A B U C A P W L M C N R L E
E M E M R S W P H C N S C M
```

FRIENDS	NOTES	REMOTE CONTROL
KEYS	PATIENCE	TEMPER
MARBLES	PHONE NUMBER	WAY
MONEY	PLACE IN QUEUE	YOUR HEAD

Puzzle 156: Keyboard Instruments

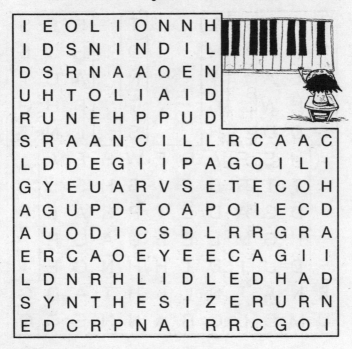

```
I E O L I O N N H
I D S N I N D I L
D S R N A A O E N
U H T O L I A I D
R U N E H P P U D
S R A A N C I L L R C A A C
L D D E G I I P A G O I L I
G Y E U A R V S E T E C O H
A G U P D T O A P O I E C D
A U O D I C S D L R R G R A
E R C A O E Y E E C A G I I
L D N R H L I D L E D H A D
S Y N T H E S I Z E R U R N
E D C R P N A I R R C G O I
```

ACCORDION
CELESTA
CLAVINET
DIGITAL PIANO

ELECTRIC PIANO
HARPSICHORD
HURDY GURDY
PIPE ORGAN

REED ORGAN
SYNTHESIZER

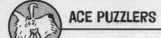

Puzzle 157: British Kings

```
J  T  D     E     T     C  E  S
A  U  R     R     D     H  J  E
M  L  A     I     N     A  O  T
E  H  W     C     T     R  H  G
S  D  D     H     S     L  N  T
   H  E  E  A  D  E  W  H  E  A
   T  T  R  R  E  I  G  H  S  L
   D  G  A  D  L  T  P  R  A  F
   H  G  M  L  E  E  U  A  O  R
   D  U  I  D  T  H  H  N  G  E
E  N  A  T  S  L  E  H  T  A  D  G
D  M  D  L  O  R  A  H  N  E  C  O
```

ALFRED	EDGAR	ETHELRED	JOHN
ATHELSTAN	EDMUND	GEORGE	RICHARD
CANUTE	EDRED	HAROLD	STEPHEN
CHARLES	EDWARD	JAMES	WILLIAM

Puzzle 158: Cloud Caper

```
        S S V
      U T U U E C
    I C R E N C L L
  C U D S A L D I A U
  U T S F T I U I C P M I
    T U I I P L I N N O
  U M T B F R A S M C U
  C I R R O S T R A T U S
  S O A R C U S S I S S
  T T M U S U R R I C
  R N U I R N     I R
  A I S S
```

ARCUS	INCUS	STRATIFORMIS
CIRROSTRATUS	INTORTUS	UNCINUS
CIRRUS	OPACUS	UNDULATUS
FIBRATUS	PILEUS	VELUM

Puzzle 159: Small Dogs

```
M A L T E S E B U
J H A R K C O C D
N O N I H S O J N
L O U I T C P A U
L Z H O K O G C H
C H R O L T U N E M O O K S
E S L I H A T R E D R P R H
N I P I H E S R E G A A U C
O A H U R P A G I O U A S A
P S A R A N A R E P E P S D
D M I N I S C H N A U Z E R
L E I A U T O Y P O O D L E
R E N A R N D E B E A G L E
L E S E G N I K E P A E I H
```

BEAGLE	JACK RUSSELL	PUG
BOSTON TERRIER	MALTESE	SAUSAGE DOG
CHIHUAHUA	MINI SCHNAUZER	SHIH-TZU
COCKER SPANIEL	PAPILLON	TOY POODLE
CORGI	PEKINGESE	
DACHSHUND	POMERANIAN	

Puzzle 160: Types Of Pasta

```
F E E N I L O P I R T I G A
U E I E M A N I C O T T I I
S I L L E C I M R E V T T T
I I G L I L P T A I R E E T
L L I E N N I E L I R H L O
L L H T I G O L N P T G L L
I E C A L L E L A N R A E O
N R N I L M L Z L T E P N N
G A O L E L Z E G E N S A G
U N C G T O R O T I N I P A
I G T A R R M N L A E N M O
N A N T O I R O I F V C A L
E S S E T T E N E R T A C C
E I M O L A N T E R N E C T
```

AGNOLOTTI	FUSILLI	PENNE	TORTELLINI
CAMPANELLE	GEMELLI	ROTINI	TORTIGLIONI
CANNELLONI	GOMITO	SAGNARELLI	TRENETTE
CAVATELLI	LANTERNE	SPAGHETTI	TRENNE
CONCHIGLIE	LINGUINE	STROZZAPRETI	TRIPOLINE
FIORI	MANICOTTI	TAGLIATELLE	VERMICELLI

Answers

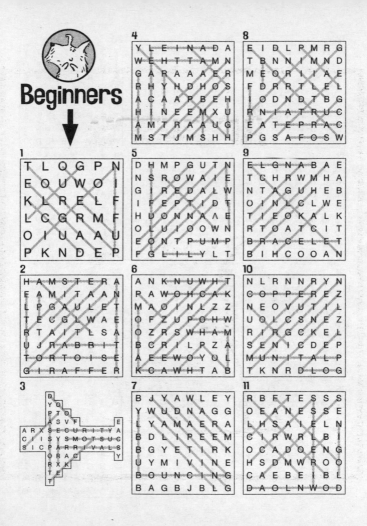

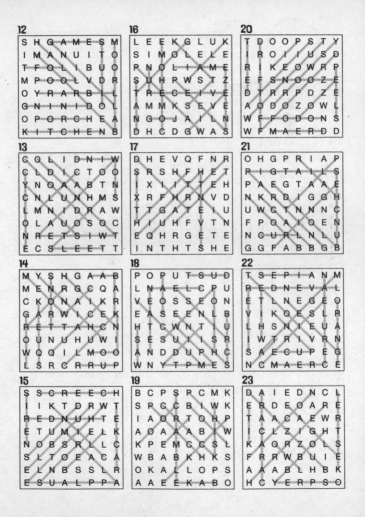

12

```
S H G A M E S M
I M A N U I T O
T F O L I B U O
M P O O L V D R
O Y R A R B I L
G N I N I D O L
O P O R C H E A
K I T C H E N B
```

16

```
L E E K G L U K
S I M O L E L E
P N O L I A M E
S U H R W S T Z
T R E C E I V E
A M M K S E V E
N G O J A I L N
D H C D G W A S
```

20

```
T D O O P S T Y
I R O I I U S D
R I K E O W R P
E F S N O O Z E
D T R R P D Z E
A O D O Z O W L
W F F O D O N S
W F M A E R D D
```

13

```
C O L I D N I W
C L D I C T O O
Y N O A A B T N
C N L U N H M S
L M N I D R A W
O L A U O S O C
N R E T S I W T
E C S L E E T T
```

17

```
D H E V Q F N R
S R S H F H E T
I X L I T T E H
X R F H R N V D
T T G A T E I U
H I U H F V T N
E Q H R G E T E
I N T H T S H E
```

21

```
O H G P R I A P
P I G T A I L S
P A E G T A A E
N K R D I G G H
U W C T N N N C
F P O A I O E N
N C U R L N L U
G G F A B B G B
```

14

```
M Y S H G A A B
M E N R G C Q A
C K O N A I K R
G A R W I C E K
R E T T A H C N
O U N U H U W I
W Q Q I L M O O
L S R C R R U P
```

18

```
P O P U T S U D
L N A E L C P U
V E O S S E O N
E A S E E N L B
H T C W N T I U
S E S U I I S R
A N D D U P H C
W N Y T P M E S
```

22

```
T S E P I A N M
R E D N E V A L
E T L N E G E O
V I K O E S L R
L H S N I E U A
I W T R I V R N
S A E C U P E G
N C M A E R C E
```

15

```
S S C R E E C H
I I K T D R W T
R E D N U H T E
E T U M I E L K
N O B S R L L C
S L T O E A C A
E L N B S S L R
E S U A L P P A
```

19

```
B C P S R C M K
S P C C B I W K
I A O R T O H P
A O A A A B I W
K P E M C C S L
W B A B K H K S
O K A L L O P S
A A E E K A B O
```

23

```
D A I E D N C L
E R D E O A R E
T A A C A E W R
I C L Z I G H T
K A O R Z O L S
F R R W B U I E
A A A B L H B K
H C Y E R P S O
```

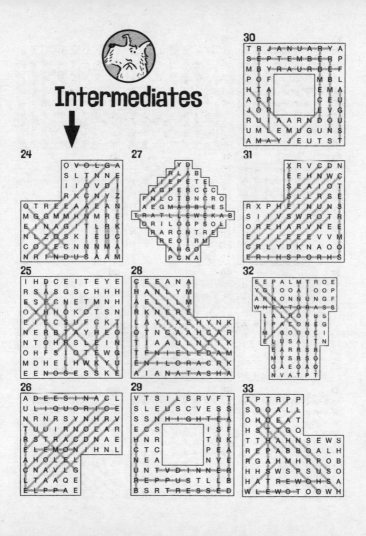

Intermediates

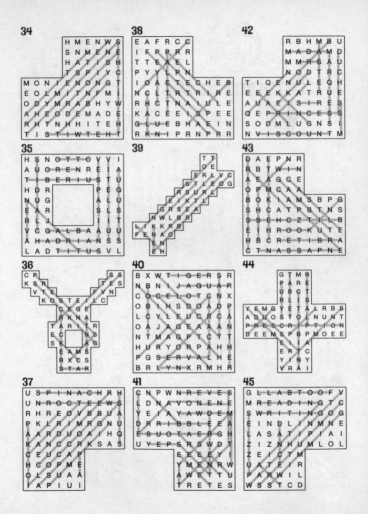

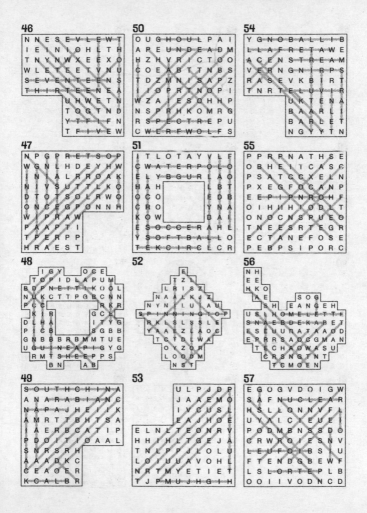

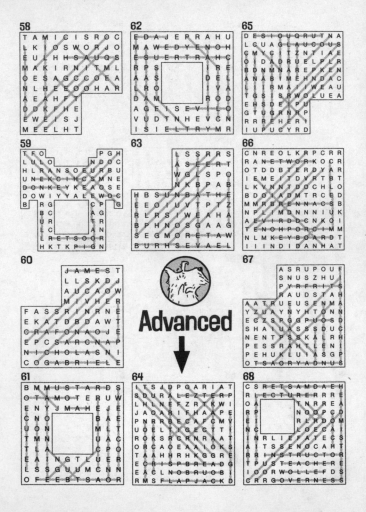

58
```
T A M I C I S R O C
L K I O S W O R J O
E U L H H S A U Q S
M A K I R N I T M L
O E S A G C C O E A
N L H E E O O H A R
A E A H F T
D D K F H E
E W E I S J
M E E L H T
```

62
```
E D A J E R P R A H U
M A W E D Y E N O H
E S U E R T R A H C
R P S       R E
A A S       D E L
L R O       I V A
D A M       R O D
A G E I S E V  I L O
V U D T N H E V C N
I S I E L T R Y M R
```

65
```
D E S I O U Q R U T N A
L G U A G L A U C O U S
C M Y C T Z N T I A E
O I D A D R U E L P L R
B D N M N A R E P N K N
A N A B I M E H N D A C
L T R M A I W E A U
T G S I S R W O L U E A
E H S D E I P U
G T U G R N R P
R R R E H E R I
I U P U C Y R D
```

59
```
T F O          P G H
L U L O        N D O C
H L R A N S O E U R B U
U N E K C I H C S M N E
D O N K E Y K E A Q S E
D O W I Y Y A L E W O C
B    R G        C P G
C    U   A   G   R
U    L   A   T
L    C   T   A N
R    R E T S O O R
H K T K P I G N
```

63
```
      L S S R R S
      A S E E R T
      W G L S P O
      N K B P A B
H B S U N B A T H E
E E O I U V T P T Z
R L R S I W E A H A
B P H N O S G A A G
S E G M O R E T A W
B U R H S E V A E L
```

66
```
C N R E O L K R P C R R
R A N E T W O R K O C R
O T D D B T E R D Y A R
I E M E I T D V R T B T
L K V N N T D O C H L O
B D O A D M T R C E D
M M R B R E N N A C S B
A E V I R D D C N K O I
T E N O H P R O C I M M
N L M K E Y B O A R D T
I I I N D I A N H A T
```

60
```
      J A M E S T
      L L S K D J
      A U C A O W
      M I V H E R
F A S S R I N R N E
E K A T D B D A W T
C R A F O N A O J E
E P C S A R G N A P
N I C H O L A S N I
C O G A B R I E L E
```

Advanced

67
```
A S R U P O U F
S N U S Z H U
P Y R F R I T S
A A T R U E U S E N M A
Y Z U A Y N Y H T O N N
E C Z S P G G P U O S D
S H A I U A S S S D U C
N E N T P S S K A L R H
P E S S R A H T L E N I
P E H U K L U I  A S G P
O T S A O R Y A D N U S
```

61
```
B M M U S T A R D S
O T A M O T E R U W
E N Y J M A H E J E
C N O       B A E
U O N       M L T
T M N       U A C
T L A       C P O
E A I N G T L U E R
L S S G U U M C N N
O F E E B T S A O R
```

64
```
I T S J D P Q A R I A T
S D U R A L E Z T E R P
L H L N E F Z R Y K W I
J A O A R I F H A A P E
P N R R B E C A F C M V
U O E L T G E G T T I
R O K S R G R N R A A T
O R C A O E X A I O K S
T A A H H R H K G G R E
E C R I S P B R E A D G
E A C L N O B R U O B I
R M S F L A P J A C K D
```

68
```
C S R E T S A M D A E H
R L E C T U R E R R E A
O A       T N R R E A
R P       N O O P C D
E N       R L R D O M
N C       L O E C A I
I N R L I E F A T E C S
A I T S S E N O C A H T
R R I N S T R U C T O R
T P U S T E A C H E R E
I O O R W O L L E F D S
C R R G O V E R N E S S
```

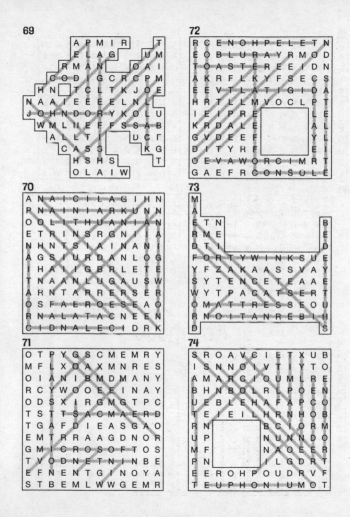

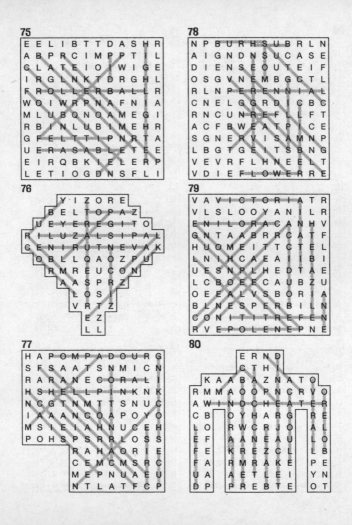

75

```
E E L I B T T D A S H R
A B P R C I M P P T I L
C L A T E I O I W I G E
I R G L N K T D R G H L
F R O L L E R B A L L R
W O I W R P N A F N I A
M L U B O N O A M E G I
R B I N L U B I M E H R
G F E L T T I P N R T A
U E R A S A B L E T E E
E I R Q B K I E L E R P
L E T I O G D N S F L I
```

78

```
N P B U R H S U B R L N
A I G N D N S U C A S E
D I E N S E O U T E I F
O S G V N E M B G C T L
R L N P E R E N N I A L
C N E L G G R D I C B C
R N C U N R E F L L F T
A C F B W E A T P I C E
S G N E R V I S A M N G
L B G T G E I T S B N G
V E V R F L H N E E L T
V D I E F L O W E R R E
```

76

```
        Y I Z O R E
      B E L T O P A Z
    U E Y E R E G I T O
  R I L U Z A L S I P A L
  C E N I R U T N E V A K
  O B L L Q A O Z P U
    R M R E U C O N
      A A S P R Z
        L O S
        V R T Z
          E Z
          L L
```

79

```
V A V I C T O R I A T R
V L S L O O Y A N I L R
E N I L O R A C A N H V
G N T A A B R R C A T F
H U O M E I T T C T E L
L N I H C A E A I I B I
U E S N P L H E D T A E
L C B O E E C A U B Z U
O E E A L V S B O R I A
B L N E S P E R B I L N
C O N I T I T R E F E N
R V E P O L E N E P N E
```

77

```
H A P O M P A D O U R G
S F S A A T S N M I C N
R A R A N E C O R A L I
H S H E L L P   N K N K
N C G T N M T T S N U C
I A A A N C O A P O Y O
M S I E I A H N U C E H
P O H S P S R R L O S S
    R A H A O R I E
    C E M C M S R C
    M E P N U A E U
    N T L A T F C P
```

80

```
        E R N D
        C T H I
    K A A B A Z N A T O
R M M A O O P N C R V O
A W I N D C H E A T E R
C B   O Y H A R G   R E
L O   R W C R J O   A L
E F   A A N E A U   L O
F A   K R E Z C L   L B
F A   R M R A K E   P E
U A   A E T L E I   Y N
D P   P R E B T E   O T
```

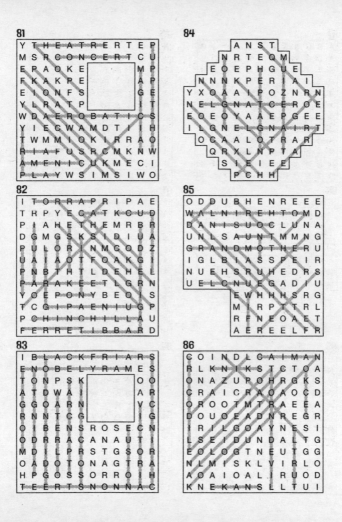

81

```
Y T H E A T R E R T E P
M S R C O N C E R T C U
E P A O K E         M P
F K A K P E         A P
E I O N F S         G E
Y L R A T P         I T
W D A E R O B A T I C S
Y I E C W A M D T I I H
T W M M I O K I R R A O
R I A F U S R C M K N W
A M E N I C U K M E C I
P L A Y W S I M S I W O
```

84

```
        A N S T
      N R T E Q M
    E O E P H G U E
  N N N K P E R I A I
Y X O A A I P O Z N R N
N E L G N A T C E R O E
E O E O Y A A E P G E E
I L G N E L G N A I R T
  O C A A L O T R A R
    Q R X L N P T A
      S I E I E E
        P C H H
```

82

```
I T O R R A P R I P A E
T R P Y E C A T K C U D
P I A H E T H E M R B R
D G M G S K S I D I U A
P U L O R I N M C O D Z
U A I A O T F C A K G I
P N B T H T L D E H E L
P A R A K E E T L G R N
Y O E P O N Y B E O I S
T C G I P A E N I U G P
P C H I N C H I L L A U
F E R R E T I B B A R D
```

85

```
O D D U B H E N R E E E
W A L N I R E H T O M D
D A N I S U O C L U N A
U N L S A U N T M M N G
G R A N D M O T H E R U
I G L B I A S S P E I R
N U E H S R U H E D R S
U E L C N U E G A D I U
      E W H H H S R G
      M I R P T T R L
      R F N E O A E T
      A E R E E L F R
```

83

```
I B L A C K F R I A R S
E N O B E L Y R A M E S
T O N P S K         O O
A T D W A I         A R
G G O A R N         V C
R N N T C G         I G
O I B E N S R O S E C N
O D R R A C A N A U T I
M D I L P R S T G S O R
O A D O T O N A G T R A
H P G O S S O R R O I H
T E E R T S N O N N A C
```

86

```
C O I N D L C A I M A N
R L K N I K S T C T O A
O N A Z U P O H R G K S
C R A I C R A O A O C D
O R O O T M T R A E E A
D O U O E A D N R E G R
I R I L G O A Y N E S I
L S E I D U N D A L T G
E O L O G T N E U T G G
N L M I S K L V I R L O
A O A I O A L I R U O D
K N E K A N S L L T U I
```

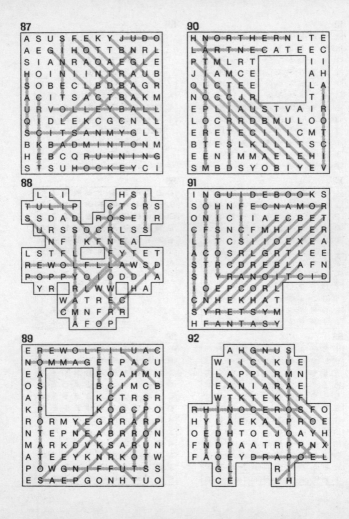

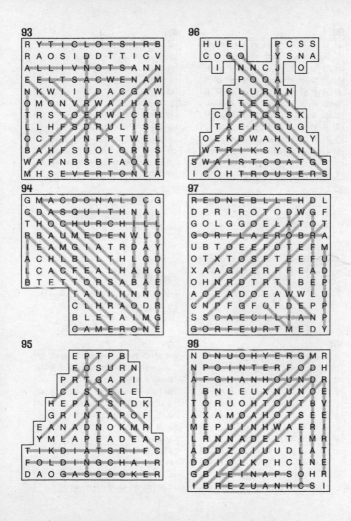

93

```
R Y T I C L O T S I R B
R A O S I D D T T I C V
A L L I V N O T S A N N
E E L T S A C W E N A M
N K W I I L D A C G A W
O M O N V R W A I H A C
T R S T O E R W L C R H
L L H F S D R U L I S E
O C T T I N F P T W E L
B A H F S U O L O R N S
W A F N B S B F A O A E
M H S E V E R T O N L A
```

96

```
H U E L     P C S S
C O G O     Y S N A
  I   N N C J   O
      P O Q A
    C L U R M N
    L T E E A I
  C O T R G S S K
  T A E I I G U G
O E K D W A H I O Y
W T R I K S Y S N L
S W A I S T C O A T G B
I C O H T R O U S E R S
```

94

```
G M A C D O N A L D C G
C D A S Q U I T H N A L
T H O C H U R C H I L L
R B A U M E D E N W L O
I E A M G I A T R D A Y
A C H L B L L T H L G D
L C A C F E A L H A H G
B T F T T O R S A B A E
    T A U I I H N N O
    C L H R A O D R
    B L E T A I M G
    C A M E R O N E
```

97

```
R E D N E B L L E H D L
D P R I R O T O D W G F
G O L G G O E L A T O T
G O R F L A E R O B R A
U B T O E E F O T E F M
O T X T O S F T E E F U
X A A G I E R F F E A D
O H N R D T R T I B E P
A O E A D O E A W W L U
C N P F G F O F D E P P
S S G A E C I L I A N P
G O R F E U R T M E D Y
```

95

```
      E P T P B
    F O S U R N
  P R T G A R I
  C L S I E L E
H E P A I S T D K
G R I N T A P O F
E A N A D N O K M R
Y M L A P E A D E A P
T I K D I A T S R I F C
F O L D I N G C H A I R
D A O G A S C O O K E R
```

98

```
N D N U O H Y E R G M R
N P O I N T E R F O D H
A F G H A N H O U N D R
I B N L E U X N U N O E
T O R U O H T O U T B V
A X A M O A H O T S E E
M E P U I N H W A E R I
L R N N A D E L T I M R
A D D Z O I U U D L A T
D O I O L K P H C L N E
G B L E I N A P S O H R
I B R E Z U A N H C S I
```

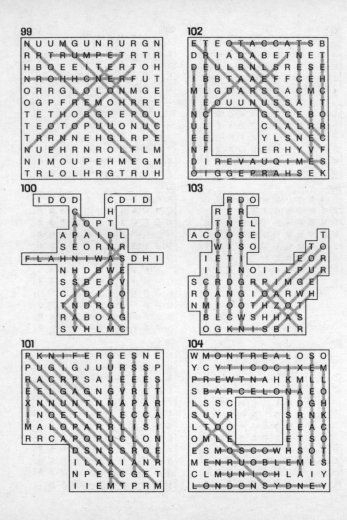

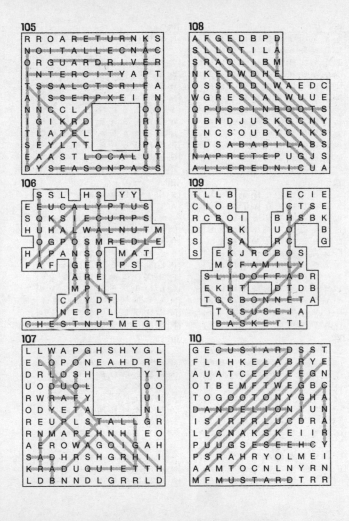

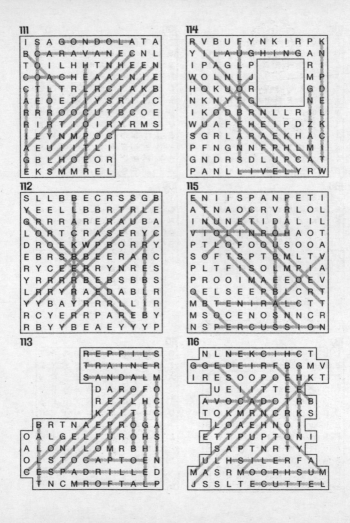

111

```
I S A G O N D O L A T A
B C A R A V A N E C N L
T O I L H H T N H E E N
C O A C H E A A L N I E
C T L T R L R C I A K B
A E O E P I Y S R I I C
R R R O O C U T B C O E
R I R T I O I R Y R M S
I E Y N M P O C
A E U I T L I
G B L H O E O R
E K S M M R E L
```

114

```
R V B U F Y N K I R P K
Y I L A U G H I N G A N
I P A G L P       R I
W O L N L J       M P
H O K U O R       G D
N K N Y F G       N E
I K O D B R N L L R I L
W U A F E H E I P D Z K
S G R L A R A E K H A C
P F N G N N F P H L M I
G N D R S D L U P C A T
P A N L L I V E L Y R W
```

112

```
S L L B B E C R S S G B
Y E E L L B B R T R L E
G R R R A R E R A U B A
L O R T C R A S E R Y C
D R O E K W P B O R R Y
E B R S B B E E R A R C
R Y C E E R R Y N R E S
Y R R R R B E B S B B S
L R R Y R A E D A B L R
Y Y B A Y R R R L L I R
R C Y E R R P A R E B Y
R B Y Y B E A E Y Y Y P
```

115

```
E N I I S P A N P E T I
A T N A O C R V R L O L
I N U N E T I D A L I L
V I O L I N R O H A O T
P T L O F O C U S O O A
S O F T S P T B M L T V
P L T F I S O L M P I A
P R O O I M A E E O E V
O E L S E E R P L C R T
M B T E N I R A L C T T
M S O C E N O S N N C R
N S P E R C U S S I O N
```

113

```
            R E P P I L S
            T R A I N E R
            S A N D A L M
            D A R O F O
            R E T L H C
            K T I T I C
B R T N A E P R O G A
O A L G E L F U R O H S
A L O N I L O M R B H I
O L S T O C A P T O E N
C E S P A D R I L L E D
T N C M R O F T A L P
```

116

```
N L N E K C I H C T
G G E D E I R F B G M V
I R E S O O P O E H K T
      U E I I T T E E
A V O C A D O T R B
T O K M R N C R K S
    L O A E H N O I
E T T P U P T O N I
    S A P T N R T Y
U L H S I L E R F A
M A S R M O O R H S U M
J S S L T E C U T T E L
```

Ace

Puzzlers

117

118

119

120

121

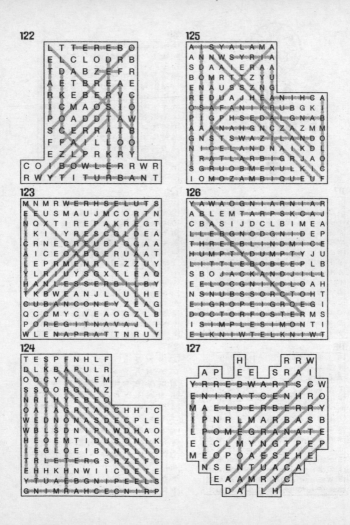

122

```
L T T E R E B O
E L C L O D R B
T D A B Z E F R
A E T B R E A E
R K E B E R V C
I C M A O S I O
P O A D D T A W
S C E R R A T B
F F A L L O O
E Z L P R K R Y
C O I B O W L E R R W R
R W Y T I T U R B A N T
```

125

```
A I S Y A L A M A
A N N W S Y R I A
S D A A I E R A A
B O M R T T Z Y U
E N A U S S Z N G
R E D U A J H E A N I H C A
O S A F A N I K R U B G K I
P I G P H S E D A L G N A B
A A A N A H G N C Z A Z M M
G N S T S W A Z I L A N D O
N I C E L A N D N A I K D L
I R A T L A R B I G R J A O
S G R U O B M E X U L K I C
I O M O Z A M B I Q U E U F
```

123

```
M N M R W E R H S E L U T S
E E U S M A U J M C O R T N
N Q X T I R E P A K R E G T
I K I I Y R E S C G I D E A
C R N E G R E U B L G G A A
A I C E O A B G E R U A A T
L E P R M E N R I E Z Z U Y
Y L R I U Y S G X T L E A Q
H A N L E S S E R B I L B Y
T K B W E A N J L I U L H E
C U B A N C O N E Y Z E A G
Q C C M Y C V E A O G Z L B
P O R E G I T N A V A J L I
W L E N A P R A T T N R U Y
```

126

```
Y A W A O G N I A R N I A R
A B L E M T A R P S K C A J
C B A S I J D C L B I M E A
L L E B G N O D G N I D E P
T H R E E B L I N D M I C E
H U M P T Y D U M P T Y J U
L I T T L E B O B E E P L B
S B O J A C K A N D J I L L
E E L O C G N I K D L O A H
N S N U B S S O R C T O H T
E I G R O P E I G R O E G I
D O C T O R F O S T E R S M
I S I M P L E S I M O N T I
E L K N I W T E L K N I W T
```

124

```
T E S P F N H L F
D L K B A P U L R
O O C Y I L L E M
S S O O R G L N Z
N R L H Y E B E O
O A I A G R T A R C H H I C
W E D N O N A S D E G P L E
W B L S D N R P W D H A O
H E O E M T I D U S O N I K
I E G L O E I B I N P L I O
T R L E T E R G S R Z E F C
E H H K H N W I I C D E T E
Y T U A E B G N I P E E L S
G N I M R A H C E C N I R P
```

127

```
        H       R R W
  A P   E E   S R A I
Y R R E B W A R T S C W
E N I R A T C E N H R O
M A E L D E R B E R R Y
I P N R L M A R B A S B
L P O M E G R A N A T E
E L C L M Y N G T P E P
M E O P O A E S E H E
  N S E N T U A C A
    E A A M R Y C
      D A   L H
```

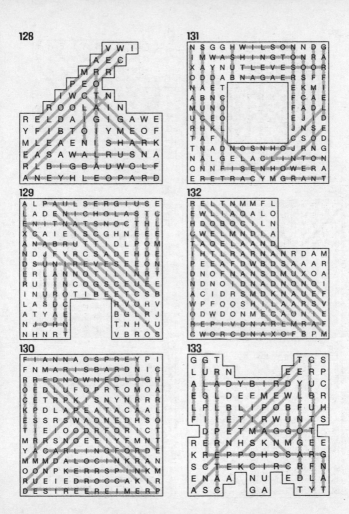

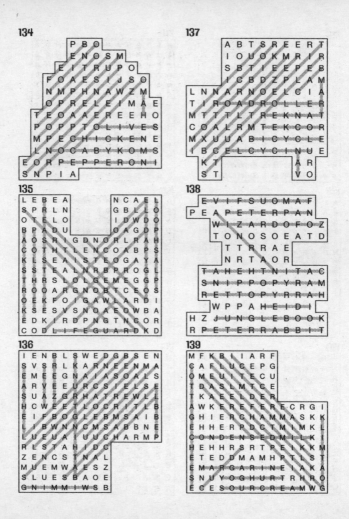

134

```
      P B O
     E N O S M
    E I T R U P O
   F O A E S I J S O
   N M P H N A W Z M
   O P R E L E I M A E
  T E O A A E R E E H O
  P O P P T O L I V E S
 M P E C H I C K E N E S
 L N O C A B Y K O M S
E O R P E P P E R O N I
S N P I A
```

137

```
  A B T S R E E R T
  I O U O K M R I R
  S B T I E E P E B
  I C B D Z P L A M
L N N A R N O E L C I A
T I R O A D R O L L E R
M T T T L T R E K N A T
C O A L R M T E K C O R
M X U U A B I C Y C L E
I B C E L C Y C I N U E
  K T             A R
  S T             V O
```

135

```
L E B E A       N C A E L
S P R L N       G B L L O
O T E L O       I D W D O
B P A D U       O A G D P
A O S R I G D N O R L R A H
C O T H T L E N C O A B P S
K L S E A I S T E O G A Y A
S S T E A L N R B P R O G L
T H R S L O L G E M E G G P
R O O A R G N O B T C E O S
O E K F O I G A W L A R D I
K S E S V S N O A E O W B A
E D K I R D P N G T N G O R
C O D L I F E G U A R D K D
```

136

```
I E N B L S W E D G B S E N
S V S R L K A R N E E N M A
E M E E G N A I A S O A L S
A R V E E U R C S I E L S E
S U A Z G R H A T R E W L L
H C W E E T L O C R T L B
E I F B O G L E B M S A I B
L I B W N N C M S A B B N E
L U E U A U U C H A R M P
R L S T A H I D C
Z E N C S T N A L
M U E M W A E S Z
S L U E S B A O E
G N I M M I W S B
```

138

```
E V I F S U O M A F
P E A P E T E R P A N
W I Z A R D O F O Z
T O N O S O E A T D
    T T R R A E
    N R T A O R
T A H E H T N I T A C
S N I P P O P Y R A M
R E T T O P Y R R A H
W P P A H E I D I
H Z J U N G L E B O O K
R P E T E R R A B B I T
```

139

```
M F K B I I A R F
C A F L U C E P G
O M E U I T E C U
T D A S M T C E
T K A E E L D E R
A W K E R E F E R E C R G I
G H I E R G H A M M A S K K
E H H E R P D C T M I M K L
C O N D E N S E D M I L K M
H E H H R S R T P E I K K M
E T E D D M A M H P T L S T
E M A R G A R I N E I A K A
S N U Y O G H U R T R H R O
E C E S O U R C R E A M W G
```

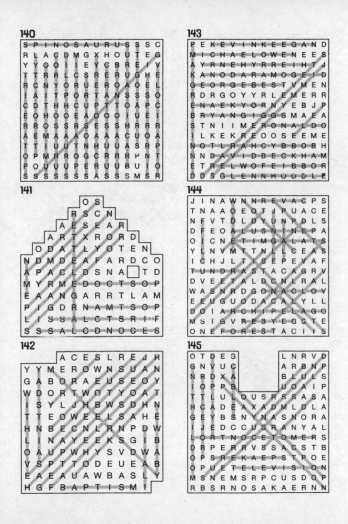

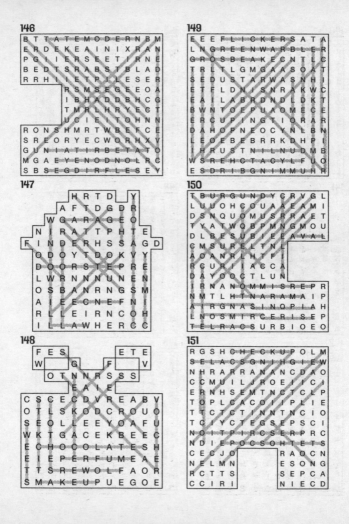

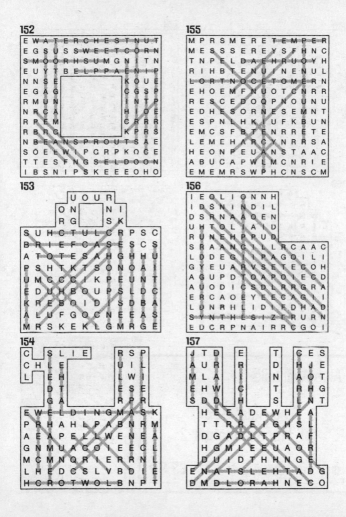

158

```
      S S V
    U T U U E C
  I C R E N C L L
C U D S A L D I A U
U T S F T I U I C P M I
  T U I I P L I N N O
U M T B F R A S M C U
C I R R O S T R A T U S
S O A R C U S S I S S
  T T M U S U R R I C
R N U I R N       I R
R A I S S
```

159

```
          M A L T E S E B U
          J H A R K C O C D
          N O N I H S O J N
          L O U I T C P A U
          L Z H O K O G C H
C H R O L T U N E M O O K S
E S L I H A T R E D R P R H
N I P I H E S R E G A A U C
O A H U R P A G I O U A S A
P S A R A N A R E P E P S D
D M I N I S C H N A U Z E R
L E I A U T O Y P O O D L E
R E N A R N D E B E A G L E
L E S E G N I K E P A E I H
```

160

```
F E E N I L O P I R T I G A
U E I E M A N I C O T T I I
S I I L E C I M R E V T T E
I I G L   L R T A I R E E T
L L H T   I E N N E L I R H L O
L L H T   G O L N P T G L L
I E C A   L E L A N R A E O
N R N I L M Z L T E P N N
G A O L E L Z E G E N S A G
U N C G T O R O T I N I P A
I G T A R R M N L A E N M O
N A N T O I R O I F V C A L
E S S E T E N E R T A C C
E I M O L A N T E R N E C T
```